DELIUS KLASING

Bobby Schenk

Astronavigation

ohne Formeln – praxisnah

Delius Klasing Verlag

Von Bobby Schenk sind im Delius Klasing Verlag darüber hinaus folgende Titel lieferbar:
Blauwassersegeln
Hafenmanöver
Navigation nur zum Ankommen
80 000 Meilen und Kap Hoorn
Yachtnavigation
Fahrtensegeln

Bibliografische Information der Deutschen Nationalbibliothek
Die Deutsche Nationalbibliothek verzeichnet diese Publikation in der Deutschen Nationalbibliografie; detaillierte bibliografische Daten sind im Internet über http://dnb.d-nb.de abrufbar.

13. Auflage
ISBN 978-3-7688-0259-8

Die Anlagen 5 bis 10 sind mit freundlicher Genehmigung des Bundesamtes für Seeschifffahrt und Hydrographie (BSH), Hamburg und Rostock, dem Nautischen Jahrbuch für das Jahr 2000 entnommen.

Titelfoto: Carla Schenk
Zeichnungen: John Bassiner
Einbandgestaltung: Ekkehard Schonart
Gesamtherstellung: Kunst- und Werbedruck, Bad Oeynhausen
Printed in Germany 2008

Delius Klasing Verlag, Siekerwall 21, D-33602 Bielefeld
Tel.: 0521/559-0, Fax: 0521/559-115
E-Mail: info@delius-klasing.de
www.delius-klasing.de

Inhalt

Vorwort

Lange wurde die astronomische Navigation als »Geheimwissenschaft« angesehen – mit gutem Grund. Denn vor der Erfindung des Computers, mit dem Vorausberechnungen gemacht werden können, war es keine bequeme Sache, astronomisch zu navigieren, und auch nach Erfindung des Chronometers wäre die genaue Uhrzeit für den Yachtsegler ein Problem gewesen, bis das Zeitzeichen kam. Auch gab die Beschränkung des Wissens über die Navigation auf den langen Reisen früherer Zeiten eine gewisse Sicherheit gegen Meuterei, denn wie sollte Jan Maat das Schiff irgendwohin bringen?

Es ist merkwürdig, wie lange solche Vorstellungen sich halten, auch wenn sie gänzlich überholt sind. Denn die im Laufe der Entwicklung eingeführten Erleichterungen, zu denen zu seiner Zeit auch das Semiversusverfahren gehörte – man sollte es gerechterweise nicht »berüchtigt« nennen –, hätten astronomisches Navigieren schon viel früher zum Allgemeingut des Yachtseglers werden lassen können; einmal macht es irgendwie Spaß, und zum anderen ist es selbst in der Ostsee durchaus nützlich. Auch schont es im Gegensatz zu der geräuschvollen und oft etwas hektischen Funkpeilerei die Nerven und ist mindestens ebenso genau. Doch hier: Jedes zu seiner Zeit! Das Bedürfnis, der Astronavigation den Mythos zu nehmen, haben schon eine ganze Reihe von Autoren verspürt.

Keinem und keiner aber ist das – nach meiner Meinung – so gut gelungen wie »Bobby« Schenk, der seinen Weg mit bisher nicht gekannter Konsequenz gegangen ist. Ich führe das auch auf die schmerzhaften Gehirnsknoten zurück, die ihm das Erlernen der astronomischen Navigation zum leidvollen Erlebnis werden ließen, was ich ihm als mathematisch unterentwickelter Schüler einer humanistischen Lehranstalt lebhaft nachempfinden kann. Wir wollen Bobby Schenk dadurch für seine Mühe und Gedankenarbeit danken, dass wir öfter einmal zum Sextanten greifen und uns dabei freuen, dass einer uns die Arbeit so sehr erleichtert hat. Ihm aber wünschen wir immer die richtigen Sterne und ein zutreffendes Azimut.

Hans-Rudolf Rösing (1905–2004)

Einführung

Mein eigener Weg in die Astronavigation war dornenreich. Mit Semiversusformel, Logarithmentafeln und sphärischer Trigonometrie musste ich mich herumschlagen, um erst im Laufe einer fast vierjährigen Weltumsegelung zu merken, wie viel geistiger Ballast sich da angesammelt hatte. Letztlich kommt es doch nur darauf an, mithilfe der Gestirne den Schiffsort festzustellen. Hierzu bedarf es aber wenig geistigen Handwerkszeugs. »Wenn meine Frau mit ihrem Auto zum Einkaufen fährt, braucht sie nicht die Funktionsweise eines Viertakters zu kennen«, stimmte mir der befahrene Hochseesegler H. Rösing zu. Ein Urteil aus berufenem Munde, denn dieser Segelfreund war »im Hauptberuf« immerhin ein leibhaftiger Admiral der Bundesmarine.
Aus dieser Erkenntnis heraus veröffentlichte die YACHT eine Serie, die den Lesern zeigen sollte, wie einfach sich das »Rätsel« der Astronavigation lösen lässt. Das begeisterte Echo aus dem Leserkreis übertraf alle Erwartungen und gab letztlich den Anstoß zu diesem Buch.
Gleich geblieben gegenüber der Artikelserie ist die Grundidee: Beim Leser wird kein spezielles Wissen vorausgesetzt. Der Stoff beschränkt sich streng darauf, was für die Bordpraxis wichtig ist.
Zusätzlich ist es aber im Rahmen eines Buches möglich geworden, in gleich einfacher Weise nicht nur Mond, Planeten, Fixsterne und astronomische Kompasskontrolle zu behandeln, sondern auch großzügig den angebotenen Stoff mit Beispielen aus der Praxis zu würzen, die mithilfe der beigegebenen Navigationsunterlagen wie in der Navigationsecke an Bord gelöst werden können.
Nach gewissenhaftem Durcharbeiten des Buches wird der Leser in der Lage sein, auf hoher See seinen Standort mittels aller Gestirne festzustellen. Ja, er wird schon auf Seite 38 mit der Sonne seine Schiffsposition bestimmen können. Und zwar nicht nach einer ungenauen Primitivmethode, sondern so, wie viele Weltumsegler den Globus umrundeten, ohne GPS zur Verfügung zu haben.

Hoffentlich bleibt dann aber auch ein wenig Ehrfurcht für das »Wunder« dieser Kunst übrig. Das unbegreifliche Wunder; das darin besteht, dass ein winziger Lichtfleck in der unendlichen Weite des Weltalls dem Skipper auf seinem einsamen Weg über die Meere erzählen kann, wo er sich gerade befindet.

Bobby Schenk

Anmerkung zu dieser Auflage

Zwischenzeitlich liegt vor Ihnen eines der meistgelesenen Segelbücher. Dass in unserer schnelllebigen Zeit ein Buch zehn Auflagen erlebt, fast ein Vierteljahrhundert lang unzähligen Fahrten- und Weltumseglern erfolgreich die romantische »Kunst« vermittelte, Gestirne als Wegweiser zu benutzen, fasziniert. Auch nach Verbreitung der Satellitennavigation (GPS) ist das Interesse an der Navigation mit natürlichen Himmelskörpern ungebrochen und notwendig. Denn Sonne, Mond und Sterne können nicht abgeschaltet werden, nicht versagen, nicht durch Störsender (»GPS-Jammer«) lahmgelegt werden.

Ein so erfolgreiches Buch »verbessern« zu wollen, wäre vermessen. So wurden lediglich die zahlreichen Übungsaufgaben und die zugehörigen Arbeitsunterlagen ins neue Jahrhundert verlegt, das Kapitel über die Rechner- und Computerbenutzung – für den, der dies mag – dem heutigen Stand der Technik angelehnt.

Dieses Buch ist all denen gewidmet, und dazu gehören Sie, liebe Leserin oder Leser, die sich gerne auf hoher See unmittelbar mit der Natur und nicht nur mit der Technik auseinandersetzen wollen!

Bobby Schenk

I. Grundkenntnisse werden nicht vorausgesetzt

Astronavigation ist eine überaus einfache Sache, die keine besondere Intelligenz verlangt, sondern nur gesunden Menschenverstand. Um astronomisch navigieren zu können, ist praktisch nicht mehr Wissen nötig, als in der Grundschule vermittelt wird. Kenntnisse in Trigonometrie oder gar sphärischer Trigonometrie sind überflüssig. Der berühmte Bernard Moitessier zum Beispiel wusste nicht, was ein Sinus oder ein Tangens ist, und doch wird ihm wohl niemand die Qualifikation zu einem hervorragenden Navigator absprechen können. Eigentlich ist Astronavigation nicht schwieriger als Navigation in Küstennähe. Eher leichter – denn ohne weiteres ist es möglich, eine Huk mit der anderen zu verwechseln, was einem wohl mit Sonne und Mond nicht passieren kann.

Das Koordinatensystem der Erde besteht

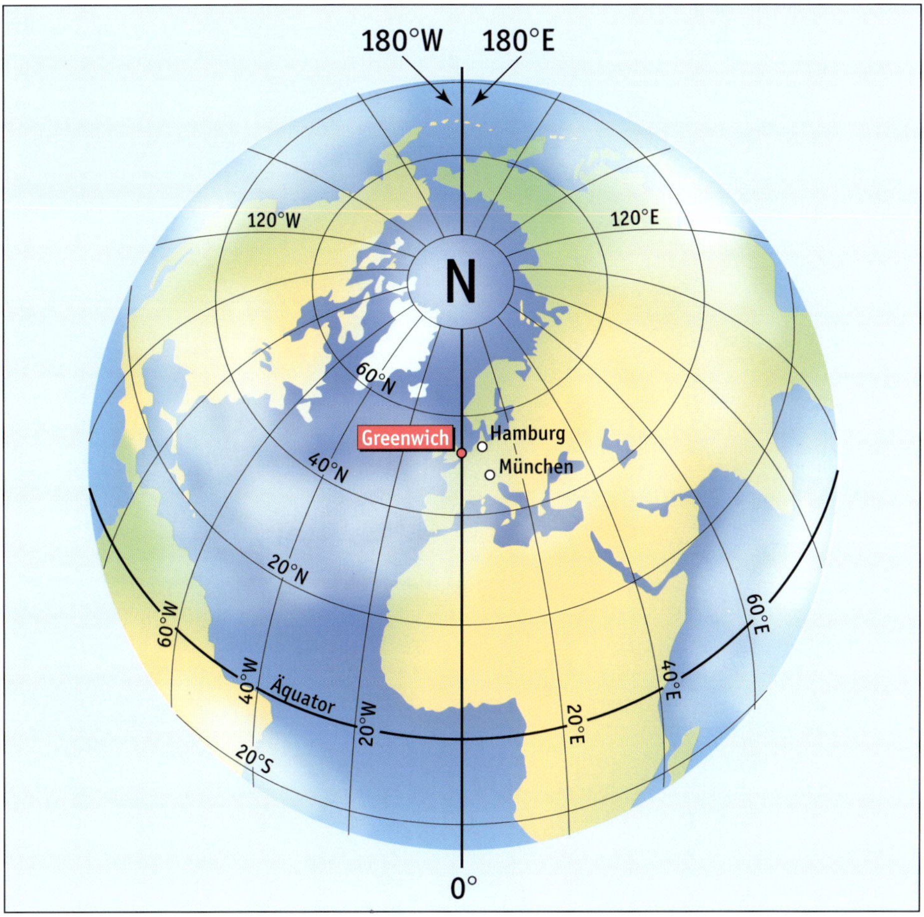

aus Längen- und Breitengraden. Der Äquator ist der »nullte« Breitengrad. Von ihm aus werden je 90 Breitengrade zum Südpol und zum Nordpol gezählt. Der Südpol liegt also auf »90°S« und der Nordpol auf »90°N«. Alle Längengrade verlaufen zwischen den beiden Polen. Der 0. Längengrad läuft genau durch die englische Stadt Greenwich. Die Längengrade werden sodann vom Greenwicher Längengrad nach Westen (Richtung Amerika) als westliche Längengrade und von Greenwich aus nach Osten (Richtung Russland) als östliche Längengrade gezählt. Insgesamt gibt es 360 Längengrade. Der 180. Längengrad (bei Fidschi, also genau auf der »anderen« Seite von Greenwich) ist somit sowohl 180°W als auch 180°E (in der Navigation schreibt man für Osten lieber die Abkürzung E = East, um Verwechslungen mit der Ziffer »0« zu vermeiden).

Üblicherweise wird zunächst die Breitenkoordinate genannt, sodass Punkt a in der Zeichnung unten auf 42°N, 18°W liegt.

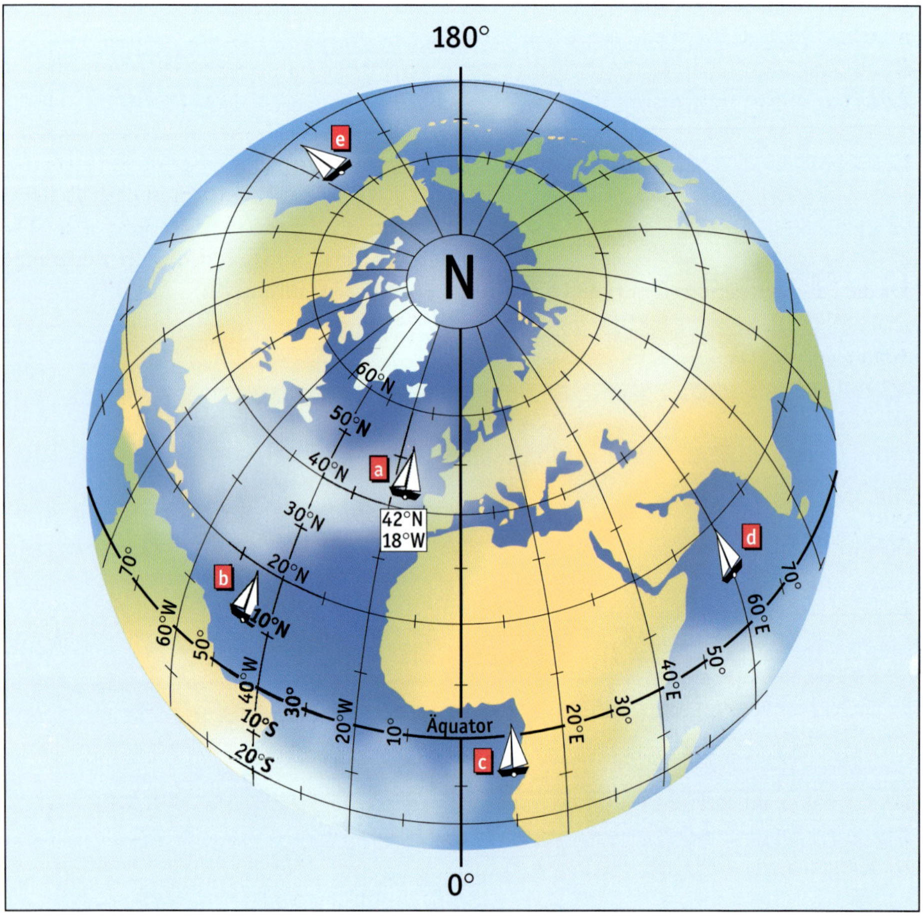

Aufgabe: Notieren Sie die ungefähren Koordinaten der Punkte b/c/d/e von links unten auf einem Blatt Papier.

Dieses Koordinatensystem muss man sich gut einprägen, denn damit müssen wir uns in der astronomischen Navigation immer herumschlagen. Wie wir später noch sehen werden, spielt sich die gesamte astronomische Navigation auf der Erdoberfläche ab. Es ist deshalb nicht nötig, in drei Dimensionen zu denken, eine Angst, die schon viele abgehalten hat, in diese Sache »einzusteigen«.

Jeder Längengrad besteht aus 60 Längenminuten. Jeder Breitengrad besteht aus 60 Breitenminuten. Das ist wichtig beim Addieren und Subtrahieren.

Beispiel:

$$\begin{array}{r} 4°36' \\ +\ 12°42' \\ \hline 16°78' \\ \hline\hline \end{array}$$

Da die 78' einen ganzen Grad von 60 Minuten enthalten, lautet das Ergebnis dieser Addition:

$$\underline{\underline{17°18'}}$$

Ergibt sich bei einer Addition von Längen- oder Breitengraden eine Summe von über 360°, so werden 360° abgezogen.

Beispiel:

$$\begin{array}{r} 94° \\ +\ 312° \\ \hline =406° \\ -360° \\ \hline =\ 46° \\ \hline\hline \end{array}$$

Ist das Ergebnis bei der Subtraktion ein Minuswert, so »leiht« man sich die 360° (einen ganzen Kreis).

Beispiel:

$$\begin{array}{r} 112° \\ -\ 220° \\ \hline =-\ 108° \\ +\ 360° \\ \hline =252° \\ \hline\hline \end{array}$$

> Warnung: 99 % aller Fehler passieren beim Rechnen mit Zeit- oder Winkeleinheiten. Deshalb »so penibel wie ein Buchhalter« rechnen!

Auf der Zeichnung auf Seite 10 sieht man gut, dass die Längenminuten und -grade in Polnähe viel kleiner sind als beim Äquator. Die Breitenminuten und -grade dagegen sind auf der ganzen Welt gleich. Deshalb lassen sich auch die Breitenminuten und Breitengrade ganz gut als Maßsystem für die Seefahrt benutzen, was tatsächlich mit der Seemeile geschehen ist, die genau eine Breitenminute lang ist. Der Abstand von einem Breitengrad zum anderen ist deshalb überall auf der ganzen Welt 60 Seemeilen. Die Koordinaten von b, c, d, e in der Zeichnung links unten lauten:

b: 10°N, 47°W
c: 8°S, 10°E
d: 10°, 60°E
e: 54°N, 145°W

Berechnen Sie:

1) 122°49' + 84°29'	2) 212°10' – 90°44'	3) 84°49' +312°14'
4) 22°25' – 84°28'	5) 289°39' + 16°59'	6) 310°37' + 249°48'
7) 29°24,8' + 44°12,9'	8) 22°24,4' – 28°40,8'	9) 239°13,9' + 188°00,7'

Achtung: Zwar besteht 1 Winkelminute aus 60 Sekunden. In der Navigation ist es aber üblich, Bruchteile von Minuten in Zehntelminuten anzugeben (Beispiele 7 bis 9).

II. An Bord gilt UT1

Zwei »Erkenntnisse« erleichtern das Hineindenken in die astronomische Navigation:
Vergessen wir eine Zeit lang, was Schule und Kopernikus gelehrt haben. Für uns dreht sich die Sonne um die Erde. Im Osten taucht sie frühmorgens am Horizont auf, steigt langsam, steht in unseren Breiten mittags auf dem höchsten Punkt ihrer Bahn genau im Süden und geht abends hinter der westlichen Kimm unter.

In der astronomischen Navigation wird nur mit der Weltzeit eins (UT1) gearbeitet.

Die UT1 ist genau:

mitteleuropäische Zeit minus eine Stunde

oder

deutsche Sommerzeit minus zwei Stunden

Also zum Beispiel 12.00 Uhr MEZ = 11.00 UT1.
Die Weltzeit eins (abgekürzt »UT1« von Universal Time One) ist praktisch identisch mit der früher gebräuchlichen mittleren Greenwichzeit. Sie entspricht der englischen Normalzeit, sodass wir die Zeitansage von BBC nicht mehr umzurechnen brauchen. Alle nautischen Unterlagen, die wir benötigen, beziehen sich auf UT1.

Vergessen wir also alles, was wir so an Halbwissen gespeichert haben über wahre Ortszeit, mittlere Ortszeit, Zonenzeit oder gar

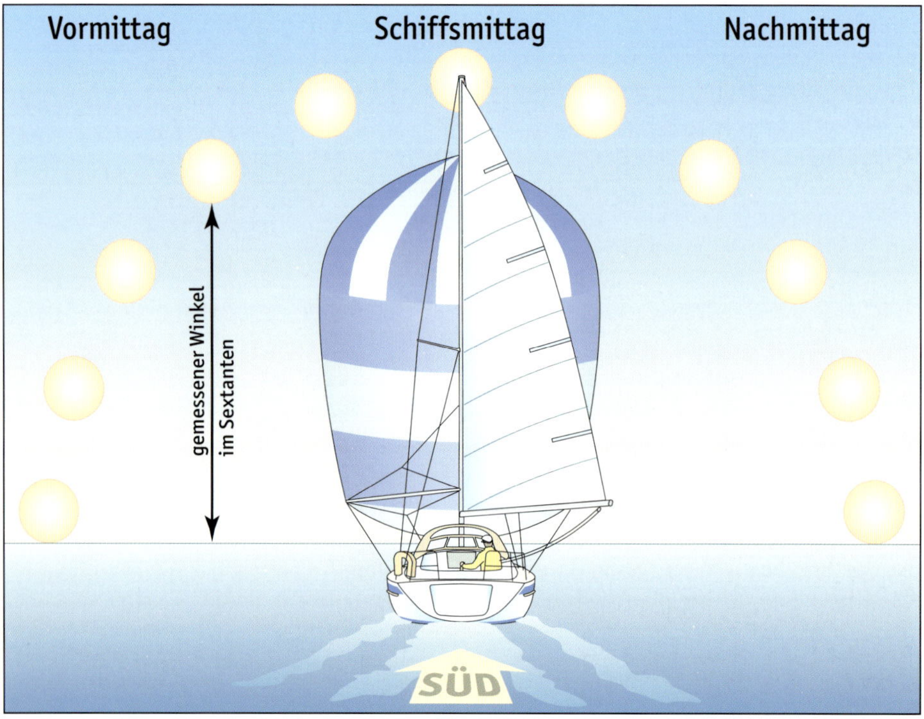

über den Datumssprung. Gerade Letzterer hat zum Beispiel meinen geistigen Weg in die astronomische Navigation blockiert, weil ich ihn einfach nicht begriffen habe. Dabei war die Aufregung ganz unnötig, denn: Am 28.8. – beim Zwölf-Uhr-Schlag vom Big Ben in London – ist es und bleibt es der 28.8., gleichgültig, ob die Skipperin beim Überfahren der Datumsgrenze vor Fidschi die 19. oder die 20. Pille nimmt. Den Big Ben lässt dies nämlich kalt.

In der Navigationsecke gibt es nur die Weltzeit eins.

Ergebnisse von Seite 11:

1) 207°18'	2) 121°26'	3) 37°03'
4) 297°57'	5) 306°38'	6) 200°25'
7) 73°37,7'	8) 353°43,6'	9) 67°14,6'

III. Eine Winkelmessung bringt die Standlinie

So, jetzt gleich einen Blick in die Praxis! Halt, eines noch: Dieses kompliziert aussehende Statussymbol, das aus einem gewöhnlichen Segler einen »Skipper«, »Käpt'n« oder »Navigator« macht, nämlich der Sextant, ist nichts anderes als ein Instrument, mit dem man einen Winkel messen kann, je nach Qualität bis zu einer Winkelminute (60. Teil eines Grades) genau.

Zum Lernen reicht ein billiger Plastiksextant gerade noch, vielleicht auch einer aus Karton, für den Ernstfall taugen die auf Dauer nichts, zumal Messungen mit ihnen schwieriger sind. Steht man noch vor dem Kauf, so suche man nach einem Vollsicht-Trommelsextanten mit Beleuchtung und höchstens vierfachem Fernrohr. Sonst kein Sonderzubehör wie Libelle etc.!

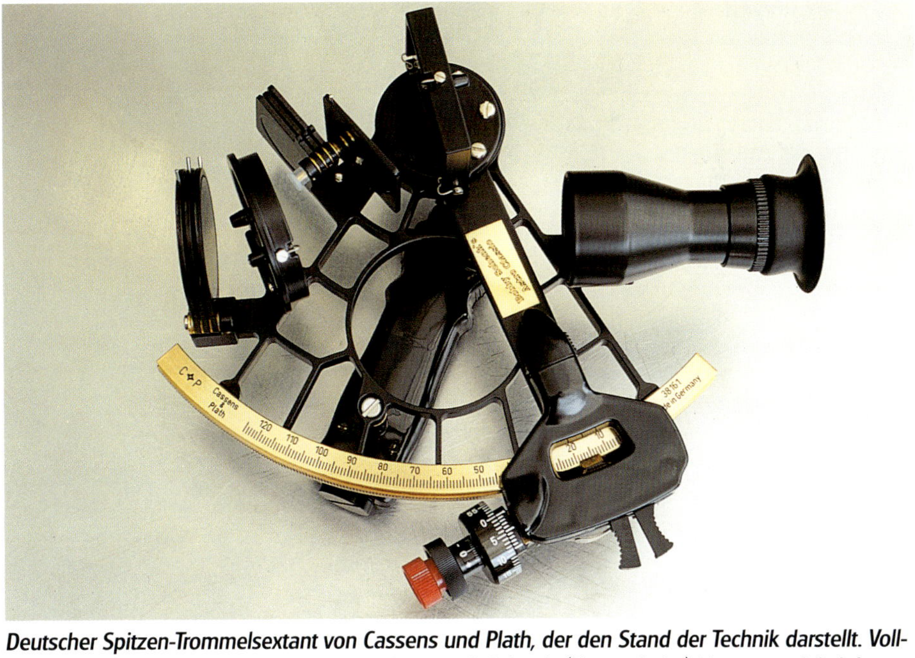

Deutscher Spitzen-Trommelsextant von Cassens und Plath, der den Stand der Technik darstellt. Vollsichtspiegel, Beleuchtung und Indexverstellung nach Schenk. (Theoretische) Messgenauigkeit besser als 10 Bogensekunden (!).

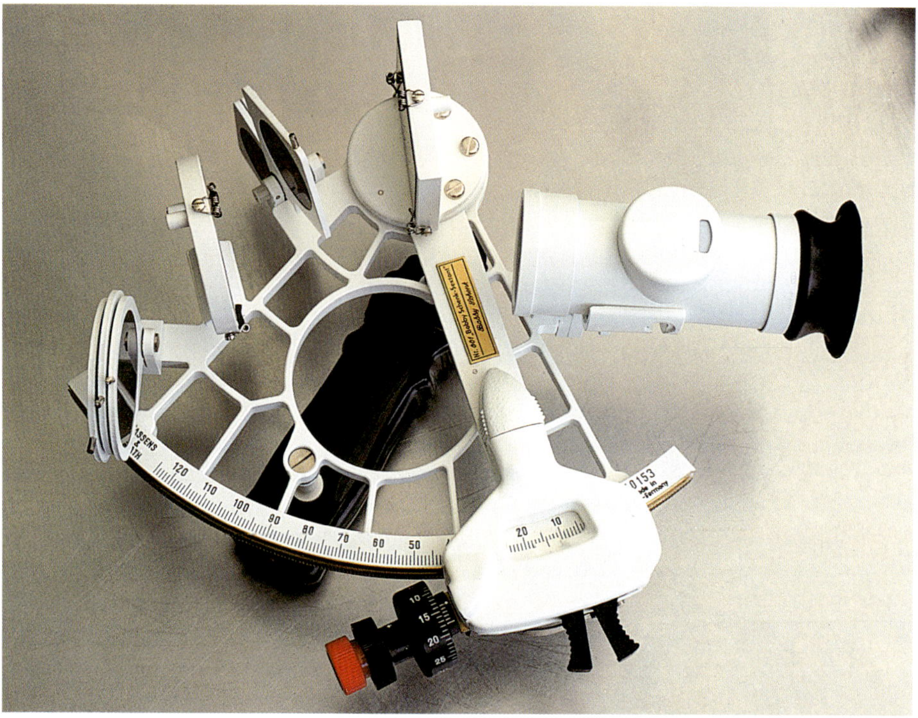

Weißer Vollsichtsextant (unempfindlich gegen Sonneneinstrahlung) mit Vollsichtspiegel und Fernglas mit eingebautem Kompass – erleichtert das Peilen in der berechneten Sternrichtung.

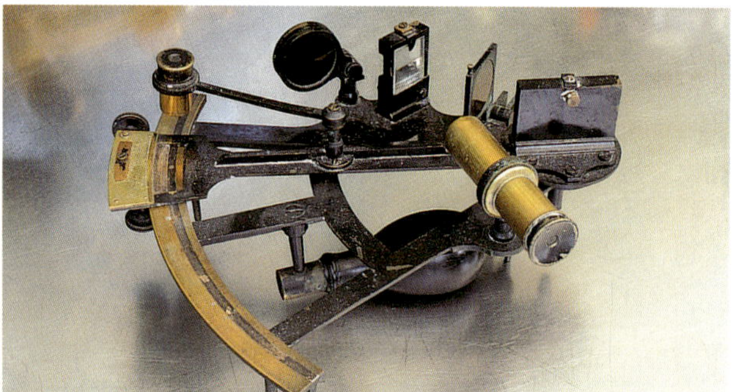

Funktionsfähiger Nonius-Sextant Anfang 20. Jahrhundert.

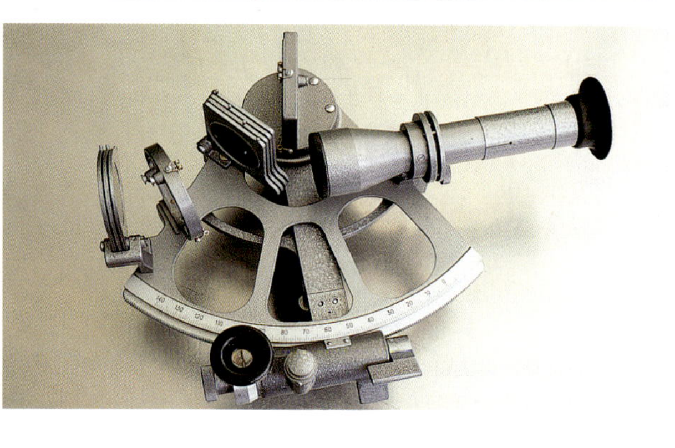

Guter Aluminiumsextant aus russischen Flottenbeständen. Keine Beleuchtung.

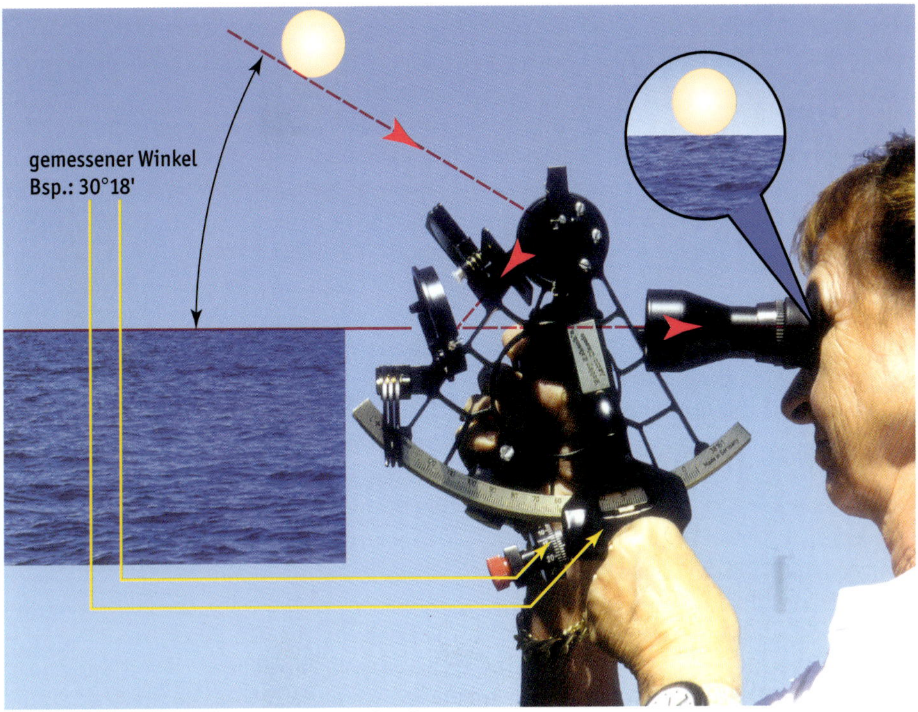

Sonnenstrahlenweg im Spiegelsystem des Sextanten.

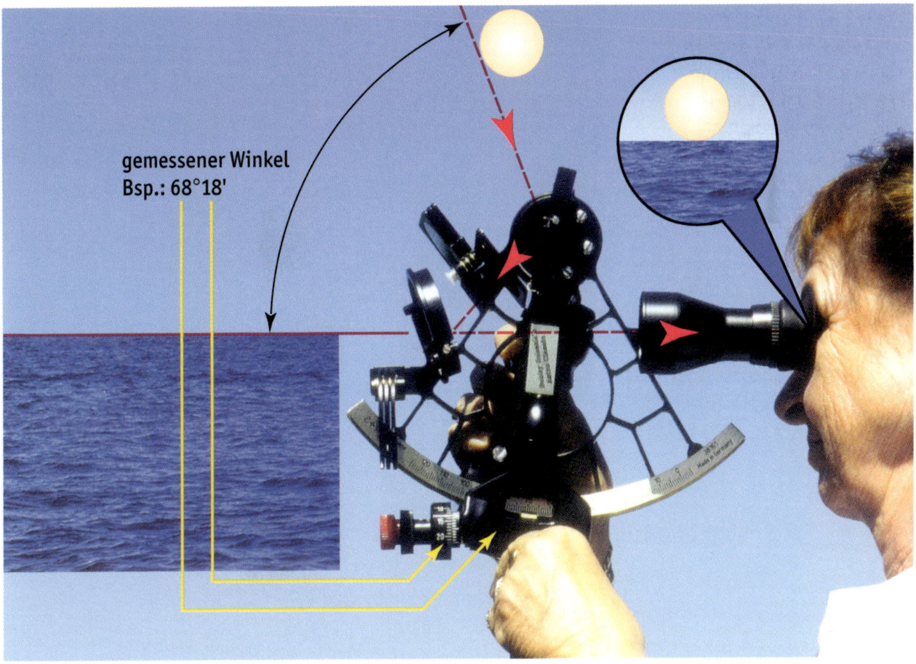

Je nach Stellung der Alhidade, die mit der Hand verschoben wird, wird ein größerer oder kleinerer Winkel gemessen.

Die Abstandsmessung in der Küstennavigation ist das Prinzip der Astronavigation

Das Prinzip der Astronavigation lässt sich recht einprägsam am bekannten Beispiel des Höhenwinkels aus der Küstennavigation erklären. Ständig diesen Vergleich vor Augen, löst sich das vermeintliche Rätsel der Astronavigation auf einfachste Art. Angenommen, wir segeln an einer Küste entlang und wollen die Entfernung zu einem Leuchtturm feststellen, um den Felsen, die unmittelbar vor dem Leuchtturm im Fahrwasser liegen, auszuweichen. Mit dem Sextanten wird dazu ganz einfach der Winkel »Spitze des Leuchtturms – Beobachter – Strandkimm« gemessen.

Es ist wichtig, nicht etwa den Winkel zwischen Spitze und Fuß des Leuchtturms, sondern tatsächlich die Strandkimm zu messen, da im Leuchtfeuerverzeichnis die Höhe immer auf die Grenze zwischen Wasser und Land bezogen ist. Es bedarf sicher keiner besonderen Intelligenz, um sich auszumalen, dass ein bestimmter Winkel im Sextanten nur bei einer ganz bestimmten Entfernung vom Leuchtturm gemessen werden kann. Ist die Yacht näher am Leuchtturm dran, müsste der Navigator mehr zur Leuchtturmspitze aufsehen, der Winkel wäre also größer. Wäre die Yacht etwas weiter entfernt, müsste der Navigator im Sextanten logischerweise einen kleineren Winkel gemessen haben.

Dass sich deshalb aus Winkel im Sextanten und Höhe des Leuchtturms über dem Strand (die im Leuchtfeuerverzeichnis steht) die Entfernung des Navigators zum Leuchtturm berechnen lässt, ist klar. Mit dem Wissen eines Oberschülers in Trigonometrie könnten wir die Formel hierfür leicht selbst ableiten. Aber wozu? Wir wollen ja nach Möglichkeit allen Formeln aus dem Weg gehen. Deshalb reicht es für uns zu wissen, dass die Entfernung berechnet werden kann. Wen diese bekannte Formel

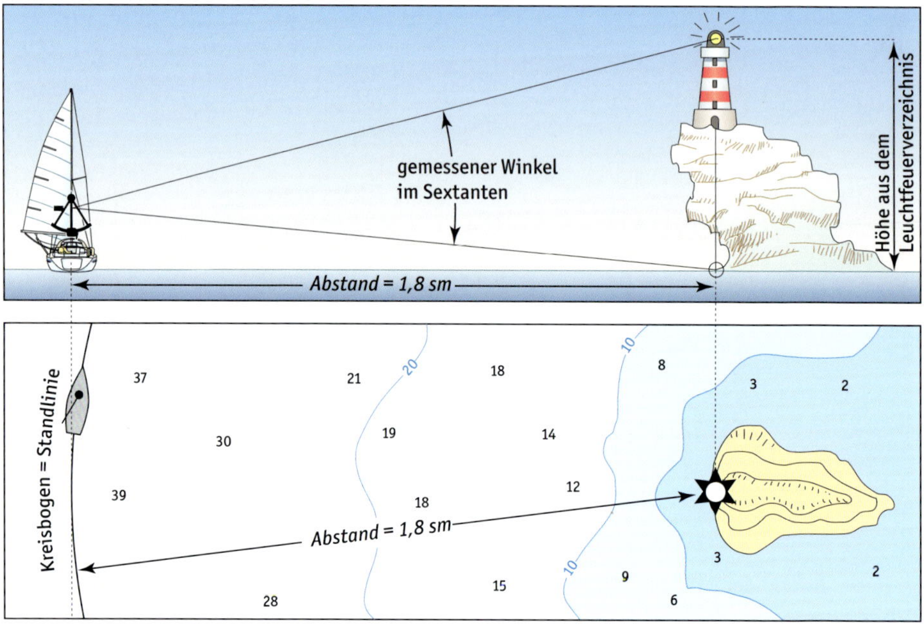

aber trotzdem interessiert, sehe in der Fußnote nach.*

Es leuchtet ein, dass wir aus der Entfernung eine sogenannte Standlinie, also ganz einfach eine Linie, auf der sich unser Schiff befindet, erhalten. Wir müssen hierzu nur die berechnete Entfernung, also beispielsweise 1,8 Seemeilen, in den Zirkel nehmen, diesen auf der Karte beim eingezeichneten Leuchtturm ansetzen und einen Kreis schlagen.

So primitiv und einfach sich dieser Vorgang für manchen darstellt, insbesondere für stolze SKS-Inhaber, so ist er doch für uns von ganz enormer Wichtigkeit. Denn genau nach diesem Prinzip funktioniert letztlich die gesamte astronomische Navigation.

Deshalb nochmals durchdenken: Aus Höhe des Feuers über der Strandkimm, Winkel im Sextanten und Position des Feuers bekommen wir die Entfernung vom Feuer und damit einen Kreis als Standlinie. Nun einen Schritt weiter:

Die Yacht ist nicht 1,8 Seemeilen, sondern zum Beispiel 18 Seemeilen vom Leuchtturm entfernt. Dann passiert etwas, was zahlreiche Lehrbücher schlechthin ignorieren: Von der Yacht aus kann der Strand gar nicht mehr gesehen werden, weil er von der Erdkrümmung selbst verdeckt wird. Der Winkel »Leuchtfeuer – Navigator – Strand« kann also gar nicht mehr gemessen werden, sondern nur noch der Winkel »Leuchtfeuer – Navigator – Kimm«. Wann der Strand nicht mehr gesehen werden kann, hängt von der Augeshöhe des Navigators ab. Bei einer für Yachten üblichen Höhe von zwei Metern ist das schon bei einer Entfernung von etwas mehr als zwei Seemeilen der Fall.*

* Es handelt sich um die bekannte Formel aus der terrestrischen Navigation:
Abstand in Seemeilen =

$$\frac{13 \text{ x Höhe des Feuers ü. d. Wasserlinie in m}}{7 \text{ x Winkelminuten}}$$

* Abstand Navigator – Kimm = 2,1 x $\sqrt{\text{Augeshöhe in Meter}}$

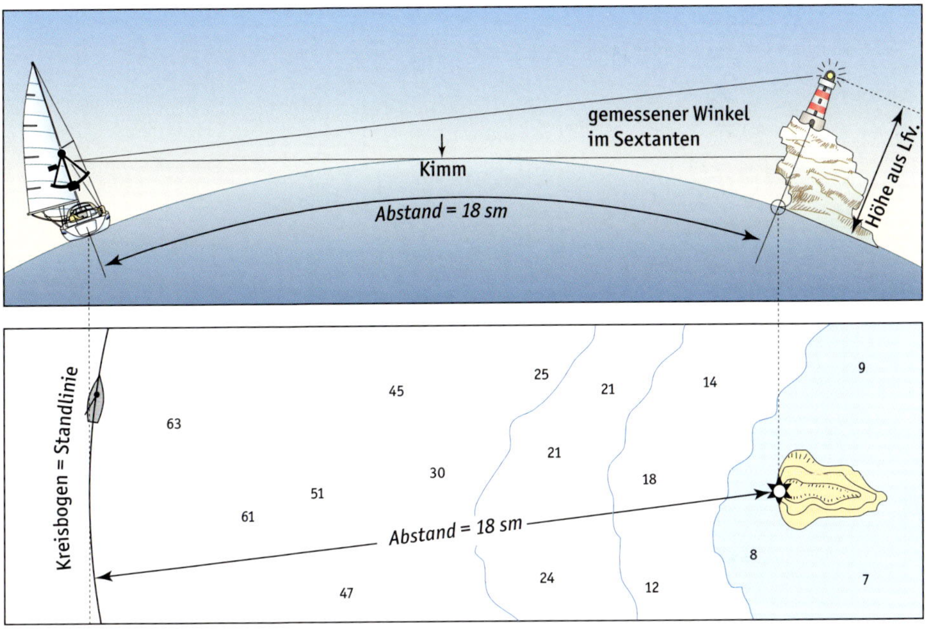

Es lässt sich aber auch jetzt noch vorstellen, dass selbst unter diesen Umständen bei einem bestimmten Winkel im Sextanten nur eine ganz bestimmte Entfernung vom Leuchtturm gegeben ist. Ist die Yacht 18 Meilen entfernt, so ist der Winkel im Sextanten dabei kleiner, als wenn sie nur 5 Seemeilen entfernt wäre. Genauso wie im ersten Fall kann aus dem Winkel und der Höhe des Leuchtturms über der Strandkimm die Entfernung berechnet werden, allerdings nicht auf die einfache Art wie oben.*
Der weitere Arbeitsgang ist der Gleiche wie im ersten Beispiel. Die Entfernung wird berechnet und in den Zirkel genommen. Dieser wird genau in dem Punkt, wo in der Karte der Leuchtturm eingezeichnet ist, angesetzt und ein Kreis geschlagen. Ergebnis: die Standlinie.

* Abstand in Seemeilen =
$\sqrt{3{,}71\,(H-Ah) + (W-1{,}76\,\sqrt{Ah})^2} - (-1{,}76\,\sqrt{Ah})$
wobei H = Leuchtturmhöhe in Meter; Ah = Augeshöhe in Meter; W = Sextantwinkel in Minuten.
Aufgrund der terrestrischen Lichtbrechung führt diese Formel zu Ergebnissen, die bis zu 10% von der tatsächlichen Entfernung abweichen können.

IV. Der Bildpunkt – der Schlüssel zum »Geheimnis«

Stellt man sich nunmehr die Spitze des Leuchtturms als Sonne, Mond oder ein sonstiges Gestirn vor, so ist man mitten in der astronomischen Navigation. Wiederum werden benötigt:

- der gemessene Winkel,
- eine Position in der Seekarte, um die der Kreis mit der Entfernung geschlagen werden kann.

Was aber ist mit der »Höhe« des Gestirns entsprechend der Leuchtturmhöhe?
Um diese Größe können wir die ganze Angelegenheit vereinfachen. Die Höhe, also die Entfernung Erdoberfläche – Gestirn, braucht nicht berücksichtigt zu werden, da ausreichend genau gesagt werden kann:

- Die Gestirne befinden sich im Unendlichen.

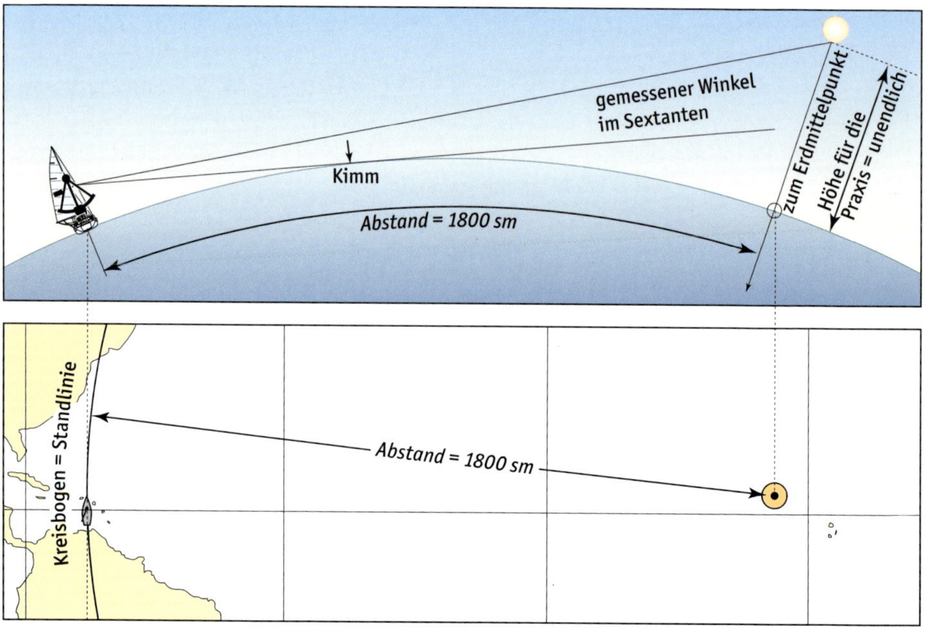

Unklar ist aber nun, welcher Punkt in der Karte verwendet werden soll, um den Zirkel einzusetzen, also die Position des Gestirns. Bleiben wir noch einmal beim Leuchtfeuer. Würden wir oben von der Spitze des Leuchtturms zum Erdmittelpunkt eine senkrechte Linie ziehen (ein Lot fällen), so würde diese Linie, wenn wir nicht gerade den schiefen Turm von Pisa als Beispiel gewählt haben, genau an dem Punkt auf die Erdoberfläche treffen, wo sich das Fundament des Leuchtturms befindet und wo seine Position auch exakt in die Karte eingezeichnet ist. Das Gleiche macht man mit den Gestirnen in der Astronavigation.

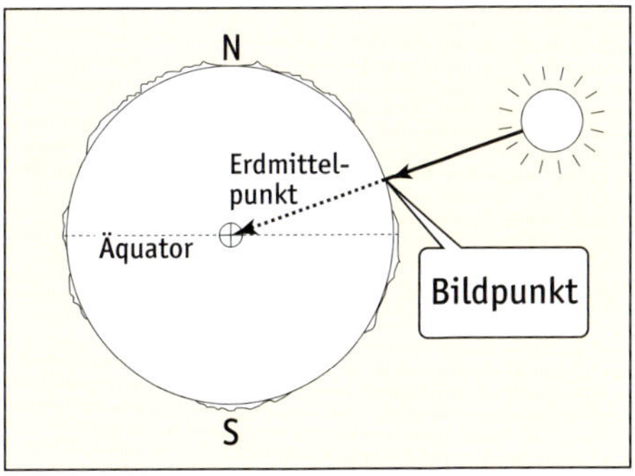

Der Punkt, an dem eine gedachte Linie zum Erdmittelpunkt die Erdoberfläche durchsticht, ist analog zum Fußpunkt des Leuchtturms der »Bildpunkt«.
Diese gedankliche Einrichtung ist schlechthin der Schlüssel zum Geheimnis der Astronavigation. Mit seiner Hilfe wird erreicht, dass die Position eines Gestirns, das sich irgendwo im Unendlichen im Weltall befindet, mit ganz gewöhnlichen Erdoberflächen-Koordinaten angegeben werden kann: Angenommen, die Wolkendecke würde eine so kleine Öffnung freilassen, dass zufällig nur ein einziger Sonnenstrahl durchleuchtet, und dieser würde genau Richtung Erdmittelpunkt strahlen, dann würde er beim Auftreffen auf die Erdoberfläche genau den Bildpunkt der Sonne beleuchten. Oder: Ist die Sonne so genau über einer Yacht, dass ein senkrecht stehender Mast kein bisschen Schatten mehr wirft, ist die Schiffsposition genau auf dem Sonnenbildpunkt. Natürlich nur für einen ganz kurzen Moment, denn die Sonne steht ja nicht den ganzen Tag über ein und derselben Position auf der Erdoberfläche.

Wir wissen, dass sie sich genau einmal in 24 Stunden um die Erde dreht, ihr Bildpunkt deshalb mit ihr in Jetgeschwindigkeit um die Erde von Osten nach Westen rast. Nun beginnen wir auch zu ahnen, warum für die Astronavigation die genaue Uhrzeit von so enormer Wichtigkeit ist. Immerhin beträgt ja die Bildpunkt-Geschwindigkeit die ca. anderthalbfache Schallgeschwindigkeit. So rast der Bildpunkt beispielsweise am 23.8.2000 in wenigen Stunden über den Atlantik in Richtung Amerika hinweg.

Wollen wir später einen Kreis mit der Entfernung Bildpunkt – Beobachter um den Bildpunkt schlagen, so muss selbstverständlich die Position des Bildpunktes nach Breite und Länge im Zeitpunkt der Messung genau bekannt sein.
Das Ganze hört sich viel schwieriger an, als es wirklich ist. Denn die Position aller Gestirne ist für die Sekunde eines bestimmten Tages im »Nautischen Jahrbuch« (abgekürzt »N. J.«) angegeben. Es erscheint jährlich und hat nur eine einzige Aufgabe, nämlich dem Navigator für jede Sekunde des Tages die genauen Bildpunkt-Koordinaten anzugeben. Bevor wir uns genauer ansehen wie eine derartig große Anzahl von Informationen auf nicht viel mehr als 400 Seiten wiedergegeben wird, müssen wir noch einen – scheinbaren – Unterschied zu anderen Punkten auf der Erde beachten: Die Bildpunktbreite wird nicht als »Breite«, son-

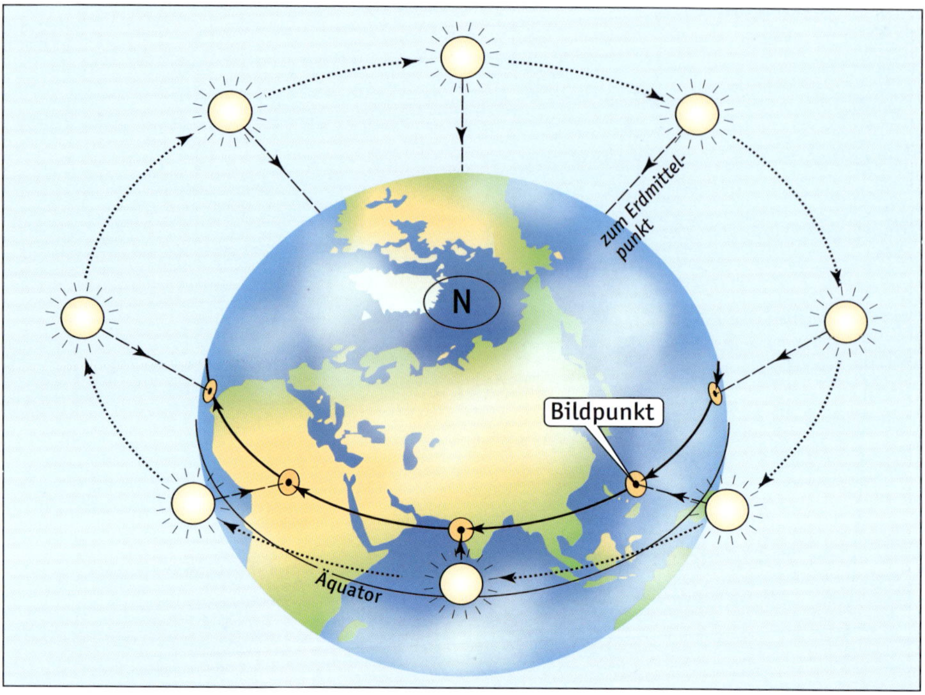

dern als »Declination«* oder »Abweichung« bezeichnet. In den nautischen Unterlagen wird sie häufig mit dem griechischen Buchstaben »δ« abgekürzt. Sie zählt wie jede »normale« Breite auf der Erde vom Äquator aus in Richtung Nordpol von 0° bis 90°N und in Richtung Südpol von 0° bis 90°S.

* In den deutschen Unterlagen heißt sie »Deklination«. Nachdem wir hier hauptsächlich die amerikanischen Höhentafeln benutzen, bleiben wir bei der Schreibweise wie in den Tafeln: »Declination«.

Die Breite des Bildpunktes ist die »Declination« (δ).

Wie bei jeder anderen Position auf der Erdoberfläche werden die einzelnen Längengrade vom Greenwich-Längengrad aus nach Westen durchgezählt. Während aber bei den üblichen Positionsangaben nur bis 179°W, 180° und dann zurück über 179°E

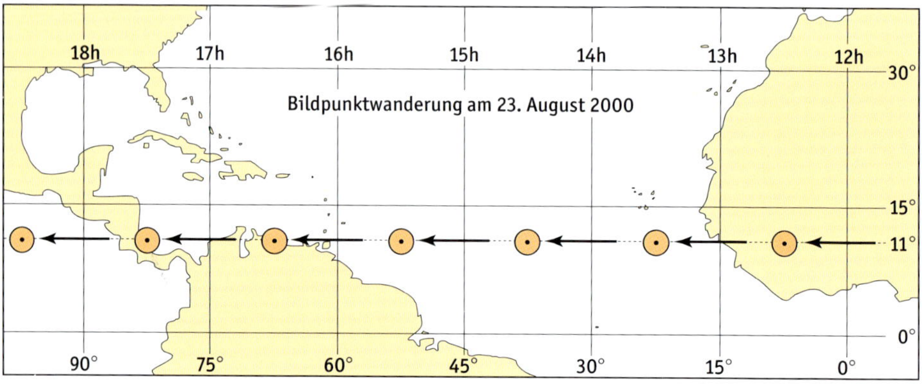

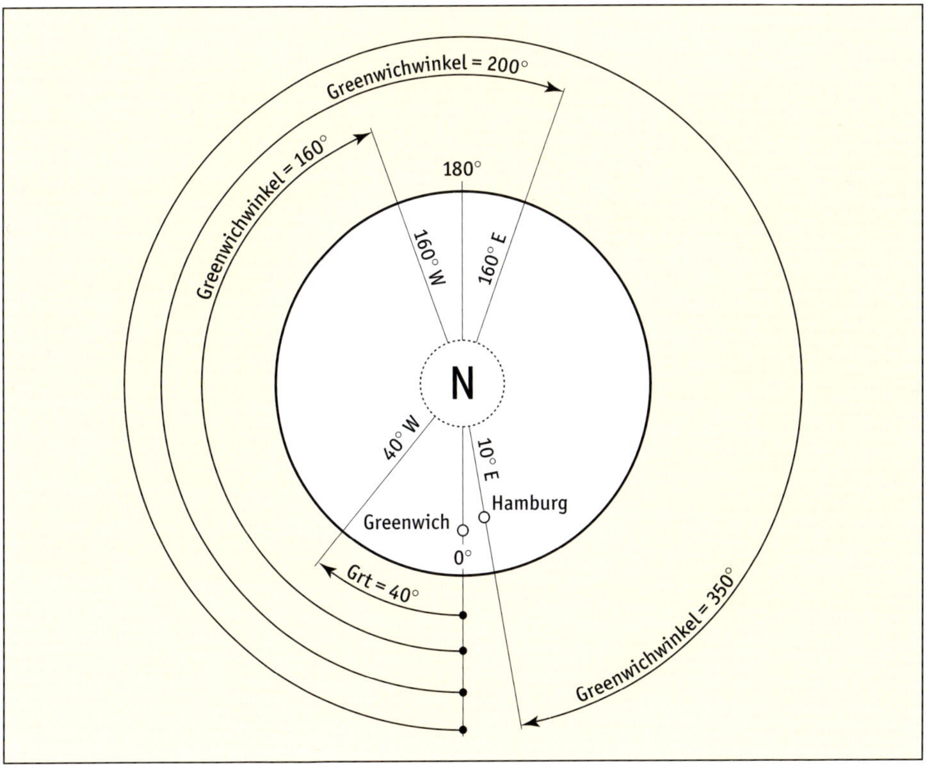

bis 0° weitergezählt wird, ergibt sich in der Bezeichnung der Bildpunktlänge ein scheinbarer Unterschied, indem – einfacher – von Greenwich aus nach Westen bis 360° Grad gezählt wird. Eine Position auf der Erdoberfläche von 10°E entspräche also einem Greenwichwinkel* (= Länge des Bildpunktes, abgekürzt »Grt«) von 350°.

Die Länge des Bildpunktes ist der »Greenwichwinkel« (Grt).

* Die exakte Bezeichnung »Greenwicher Stundenwinkel« rührt daher, dass bis vor wenigen Jahrzehnten der Winkel noch in »Stunden« gemessen wurde.
In diesem Buch wird die genaue Bildpunktlänge vereinfacht als »Greenwichwinkel« bezeichnet.

Unter dem jeweiligen Datum im N. J. (Nautischen Jahrbuch) sind zunächst die Bildpunkt-Koordinaten nicht für jede Sekunde, sondern stündlich mit »Grt« und »δ« angegeben (Anlagen 5 und 6).
Betrachten wir die Position nun über 24 Stunden hinweg, so finden wir bestätigt, was wir in der Natur längst beobachtet haben: Die Längenposition der Sonne ändert sich rasend schnell, während ihre Breite fast konstant bleibt.

Jetzt aber gleich ein praktisches Beispiel:
Am 23.8.2000 wird die Sonne um 14 h 44 m 26 s UT1 gemessen:
Da im N. J. unter dem betreffenden Datum zunächst nur die Koordinaten für die vollen Stunden (als »Grt« und »δ«) angegeben sind, müssen einfache Zwischenrechnungen

angestellt werden, um für den sekundengenauen Zeitpunkt der Beobachtung die Position zu ermitteln. Denn die Frage lautet immer:

Wie sind die Bildpunkt-Koordinaten der Sonne zum Messzeitpunkt? Um welchen Ort auf der Erdoberfläche werden wir einen Kreis mit unserer Entfernung von diesem Punkt ziehen müssen?

Für den 23.8.2000 um 14 h 00 m 00 s UT1 gibt das N. J. eine Bildpunktbreite der Sonne (Declination) von 11°12,8' N und eine Bildpunktlänge von 29°22.8' an. Für 15 h 00 m 00 s UT1 hätten wir folgende Koordinaten: 11°12,0' N und 44°23,0' (siehe Anlage 6).

Ersichtlich verändert sich die Breite im Gegensatz zur Länge nur ganz unwesentlich; hier in einer Stunde um gerade eine Winkelminute. Der Genauigkeit sind in der astronomischen Navigation trotz der hervorragenden Präzision der heutigen Sextanten durch Messungenauigkeiten ohnehin gewisse Grenzen gesetzt, Bruchteile von Minuten bei den Koordinaten, also Breite und Länge, können deshalb mit gutem Gewissen auf unseren schwankenden Yachten vernachlässigt werden. Es reicht auch deshalb vollkommen aus, wenn wir Werte nur auf ganze Minuten auf- oder abrunden. Nautische Tafelwerke, wie die PUB. NO.249, die auch in der Großschifffahrt benutzt werden, machen das ohnehin. Gehen wir deshalb davon aus, dass um 14 h 00 m 00 s UT1 die Breite 11°12,8' N war und um 15 h 00 m 00 s UT1 11°12,0' N, dann ist es durchaus seriös, die Bildpunktbreite für 14 h 44 m 26 s UT1 mit 11°12' über den Daumen zu peilen. Ganz anders bei der Länge. Hier muss wegen der Überschallgeschwindigkeit des Bildpunktes seine Länge genau für die Sekunde der Messung ermittelt werden. Um 14 h 00 m 00 s war die Sonne auf 29°22,8', um 15 h 00 m 00 s 44°23,0'. Der Unterschied zwischen beiden vollen Stunden ist ziemlich genau 15 Längengrade (ganz logisch: Die Sonne muss ja in 24 Stunden einmal um die Erde, also 360° zurücklegen). Man könnte nun ziemlich umständlich mit einer Dreisatzrechnung den »Zuwachs« für die 44 Minuten und 26 Sekunden ausrechnen und dann der 14-Uhr-Länge hinzuzählen. Am Ende des N. J. gibt es aber zu unserer Bequemlichkeit Hilfstafeln, in denen sich unter der betreffenden Minutenzahl (!) der Zuwachs zum Greenwichwinkel fix und fertig berechnet findet (Anlagen 7 und 8).

Länge des Bildpunktes also um für 14 h 44 m 26 s UT1

Bildpunktlänge für 14 h 00 m 00 s UT1 (aus Anlage 6)	29°22,8'
+ Zuwachs für 44 m 26 s (aus Anlage 8)	11°06,5'
	40°29,3'

Achtung: Nur Spalte »Sonne« benutzen (Verwechslung!).

Nochmals das Prinzip der Astronavigation: Die Position des Bildpunktes ist für den Zeitpunkt der Messungen bekannt (s. o.). Der Abstand Beobachter – Bildpunkt kann mit einer Formel aus dem gemessenen Winkel ähnlich wie bei der Distanz zu einem Leuchtfeuer berechnet werden.
Die Entfernung wird in Meilen in den Zirkel genommen und ein Kreis um den Bildpunkt geschlagen, auf dem sich dann die Yacht um 14 h 44 m 26 s UT1 befinden muss. Dieser Kreis ist die astronomische Standlinie.
Da in jeder astronomischen Rechnung die Position des Bildpunktes festgestellt werden muss, ist es dringend ratsam, gleich einige Beispiele durchzurechnen, wobei

bereits jetzt darauf hingewiesen wird, dass die Berechnung der Bildpunkte anderer Gestirne nicht wesentlich komplizierter ist.

Wie lauten Declination und Greenwichwinkel der Sonne am:
a) 12.4.2000 um 16 h 16 m 16 s UT1
b) 22.8.2000 um 14 h 14 m 31 s UT1
c) 13.4.2000 um 06 h 44 m 08 s UT1
d) 12.4.2000 um 22 h 15 m 23 s UT1
e) 22.8.2000 um 18 h 45 m 19 s UT1
f) 12.4.2000 um 00 h 14 m 59 s UT1

Gut einprägen:

Breite des Bildpunktes ist die Declination (δ)

Länge des Bildpunktes ist der Greenwichwinkel (Grt)

V. Die genaue Zeit

Bei der rasenden Geschwindigkeit der Gestirnsbildpunkte ist die exakte Zeit außerordentlich wichtig. Eine kurze Überlegung macht dies klar: Der Sonnenbildpunkt rast in 24 Stunden um die Erde, am 23. September zum Beispiel auf dem Äquator entlang, also dann ziemlich genau 21600 Seemeilen (360° zu je 60 Seemeilen) weit. Das macht in jeder Minute 15 Seemeilen aus, das heißt, wenn die Borduhr nur eine Minute falsch geht, hat sich die Position des Bildpunktes der Rechnung gegenüber um 15 Seemeilen verschoben. Damit wird aber auch der Kreis als Standlinie um einen versetzten Mittelpunkt gezogen. Ergebnis: Der Schiffsort kann genau um 15 Seemeilen danebenliegen.
Jahrhundertelang war die Zeit eines der größten Probleme der Schifffahrt. Viele werden die Geschichte des englischen Uhrmachers Harrison kennen, der sein Leben damit verbracht hat, eine genaue Uhr zu entwickeln, um sich so eine unglaublich hohe Belohnung des englischen Königreiches zu verdienen. Als es ihm schließlich gelungen war, den ersten funktionierenden Chronometer vorzuführen, erwog die englische Krone allen Ernstes, diesen Schatz wieder zu zerstören – allein aus Angst, die verfeindeten Niederländer könnten in den »Besitz« der genauen Schiffszeit kommen. Derart hoch wurde diese eingeschätzt. Noch vor ein paar Jahren war die sekundengenaue Zeit tatsächlich ein Problem, und man mag darüber lächeln, in Schiffshandbüchern genaue Anweisungen zu lesen, wie Schiffschronometer »in Begleitung einer Aufsichtsperson« zum Chronometermacher (bloß nicht zum Uhrmacher!) getragen werden mussten.

Der »Chronometer« kostet kaum mehr als ein Patentschäkel

Heute ist das einfacher, wenn eine gute Uhr benutzt wird. Unter einer »guten« Uhr sind nicht sündhaft teure »Schiffschronometer« in Mahagonikästen, sondern Quarzuhren (ab 10 Euro aufwärts) zu verstehen. Als Armbanduhr haben alle einen Quarz mit 32768 Schwingungen, ob es sich um ein Billigerzeugnis der Versandhäuser oder um ein »Präzisionserzeugnis« der Schweizer Uhrenindustrie handelt. In der Genauigkeit sind sie den früheren Armband-Chronometern überlegen. Eine Ganggenauigkeit von plus/minus 2 Sekunden/Tag erreichen sie allemal. Wichtig ist zu wissen, dass die Genauigkeit von Quarzuhren nicht von mechanischen Erschütterungen beeinträchtigt wird, sie aber entscheidend von der gleichbleibenden Temperatur abhängig ist. Besonders gut eignen sich deshalb auch aus diesem Grunde wasserdichte Quarzuhren – am besten Taucheruhren –, die an Bord fortwährend getragen werden können und so von der Körpertemperatur stabilisiert werden.

Trotzdem – ohne Kontrolle durch ein gelegentliches Zeitzeichen im Radio sollte die Uhr, die natürlich auf UT1 gestellt bleibt, im Bordbetrieb nicht längere Zeit benutzt werden. Über die ganze Welt verteilt gibt es Zeitzeichensender; die – teilweise sogar mit gesprochener Ansage – nichts anderes tun, als zu jeder vollen Minute ein Zeitzeichen zu geben. Die üblichen Zeitzeichenfrequenzen sind: 5, 10, 15, 20, 25 MHz. Ein guter Bordempfänger sollte alle diese Frequenzen auf der Skala haben, da je nach Ausbreitungsbedingungen und Entfernung zum Sender Zeitzeichen manchmal nur auf einer einzigen dieser Frequenzen zu hören sind. Ein solches Radio muss also das gesamte Kurzwellenband – möglichst stark gespreizt – bis 30 MHz empfangen können. Diese Zeitzeichensender geben meist nicht die UT1, sondern eine andere Weltzeit, nämlich die UTC (Universal Time Coordinated). Beide Zeiten, also die UT1 und die UTC, unterscheiden sich um ganz wenige Sekundenbruchteile, so dass es für unsere Zwecke gleichgültig ist, ob wir über Radio die UTC oder die UT1 mitgeteilt bekommen.

In deutschen Segelgebieten sind Zeitzeichensender manchmal schwierig zu empfangen. Bei der Qualität der heutigen Quarzuhren ist das aber kein Unglück. Ein Zeitzeichen am Tage (zum Beispiel aus einer gewöhnlichen Nachrichtensendung aus der Heimat) reicht aus, um die Quarzuhr genügend genau zu kontrollieren. Selbstverständlich wird man nicht täglich die Uhr neu stellen, was bei einer Abweichung von Sekundenbruchteilen auch gar nicht möglich ist. Wenn sich aber nach ein paar Tagen oder Wochen deutliche Unterschiede von wenigen Sekunden ergeben, muss dieser »Stand« jeweils bei der Feststellung des genauen Zeitpunktes der Gestirnsmessung berücksichtigt werden. Jedenfalls ist das Führen eines »Chronometertagebuches«, in dem Stand und Gang einer Uhr berücksichtigt wurden, längst überholt.

Trotzdem sollte man auf Folgendes achten: Hat man seine Quarzuhr zu Hause mithilfe der Fernsehuhr (das Telefonzeitzeichen ist für unsere Zwecke nicht zuverlässig genug) oder mit der hochgenauen Zeit aus dem GPS-Gerät längere Zeit getestet und keine Ungenauigkeiten beobachtet, so bedeutet dies noch lange nicht, dass sie später im rauen Bordbetrieb mit der gleichen Präzision arbeitet. Schließlich herrschen dort ganz andere Temperaturen als im wohltemperierten Büro.

Am zuverlässigsten wird die exakte Zeit der Messung mithilfe einer zweiten Person festgestellt, die mit Blick auf die Quarzuhr auf Zuruf von »Jeeeetzt!« die sekundengenaue

Zeit niederschreibt. An Bord hilfreich ist auch eine Stoppuhr, die eine Hilfsperson im Moment der Gestirnsmessung drückt. Dann kann der Navigator in Ruhe seinen Sextanten wegstauen (ohne den Winkel zu verändern) und bei einer der folgenden vollen Minuten auf der Stoppuhr (oder Navigationsuhr) – wer rechnet schon gerne mit Sekunden – die genaue Greenwichzeit feststellen. Zur Ermittlung des genauen Messzeitpunktes werden lediglich die Stoppuhr-Minuten abgezogen. Nur so können mit Sicherheit häufige Ablesefehler durch den Helfer vermieden werden.
Man versuche nicht, gleichzeitig ein Gestirn zu messen und hierzu die genaue Zeit gleich an Deck festzustellen. Unbedingt müssen wir uns nämlich allein darauf konzentrieren, zunächst mal einen genauen Höhenwinkel zu erhalten und den Sextanten ohne anzustoßen heil unter Deck zu bringen. Der Einhandsegler zähle beim Hinuntersteigen »einundzwanzig, ...« und drücke dann die Stoppuhr.
Besonders gut eignet sich auch die Stoppuhr, um ein Zeitzeichen vom Radio »aufzunehmen«. Anschließend kann man in Ruhe seine Navigationsuhr stellen. Das »Zeitzeichen« hat man sicher.

a) 12.4.2000 um 16 h 16 m 16 s UT1
Declination: 8°58' N
Grt: 59°50,2'
Zuwachs: + 4°04,0'
= 63°54,2'

b) 22.8.2000 um 14 h 14 m 31 s UT1
Declination: 11°33' N
Grt: 29°18,9'
Zuwachs: + 3°37,8'
= 32°56,7'

c) 13.4.2000 um 06 h 44 m 08 s UT1
Declination: 9°11' N
Grt: 269°52,4'
Zuwachs: + 11°02.0'
= 280°54,4'

d) 12.4.2000 um 22 h 15 m 23 s UT1
Declination: 9°03' N
Grt: 149°51,2'
Zuwachs: + 3°50,8'
= 153°42,0'

e) 22.8.2000 um l8 h 45 m 19 s UT1
Declination: 11°29' N
Grt: 89°19,6'
Zuwachs: + 11°19,8'
= 100°39,4'

f) 12.4.2000 um 00 h 14 m 59 s UT1
Declination: 8°43' N
Grt: 179°47,6'
Zuwachs: +3°44,8'
= 183°32,4'

VI. Die erste Standlinie – die Mittagsbreite

Sie ist eine der ältesten, einfachsten und genauesten Methoden, um zu einer Standlinie aus einer Sonnenmessung zu kommen. Wegen ihrer Einfachheit und Zuverlässigkeit gehört die Mittagsbreite – auch in der Großschifffahrt – zum täglichen Brot des Navigators. Außerdem ist es seit Menschengedenken in der Schifffahrt üblich, den Schiffsort auf hoher See mindestens einmal – zur Mittagszeit – festzustellen. Deshalb drängt sich die Mittagsbreite in der Gestirnsnavigation förmlich auf.

Bis in das 19. Jahrhundert, als genaue Uhren oder gar Chronometer auf Segelschiffen noch unbekannt waren, war die Mittagsbreite die Navigationsmethode auf hoher See schlechthin, weil zur Berechnung der astronomischen Standlinie die Stellung der Sonne als »Zeitsignal« ausreichte.

Wenn es sich auch bei der Mittagsbreite um einen speziellen – höchst einfachen – Sonderfall der astronomischen Navigation handelt, so beruht sie dennoch auch auf der gleichen Überlegung, die wir zu Eingang gemacht haben (Seite 16 ff.): Die astronomische Standlinie ist ein Kreis um den Bildpunkt mit der Entfernung »Beobachter Bildpunkt« als Radius.

Wie der Name sagt, kann die Sonne bei der Mittagsbreite nur in dem Zeitpunkt gemessen werden, in dem Schiffsmittag ist. Dies hat nun gar nichts mehr mit unserem bürgerlichen Mittag um 12 Uhr zu tun. Verfolgen wir die Sonne auf ihrem Weg über das Firmament während eines Tages-

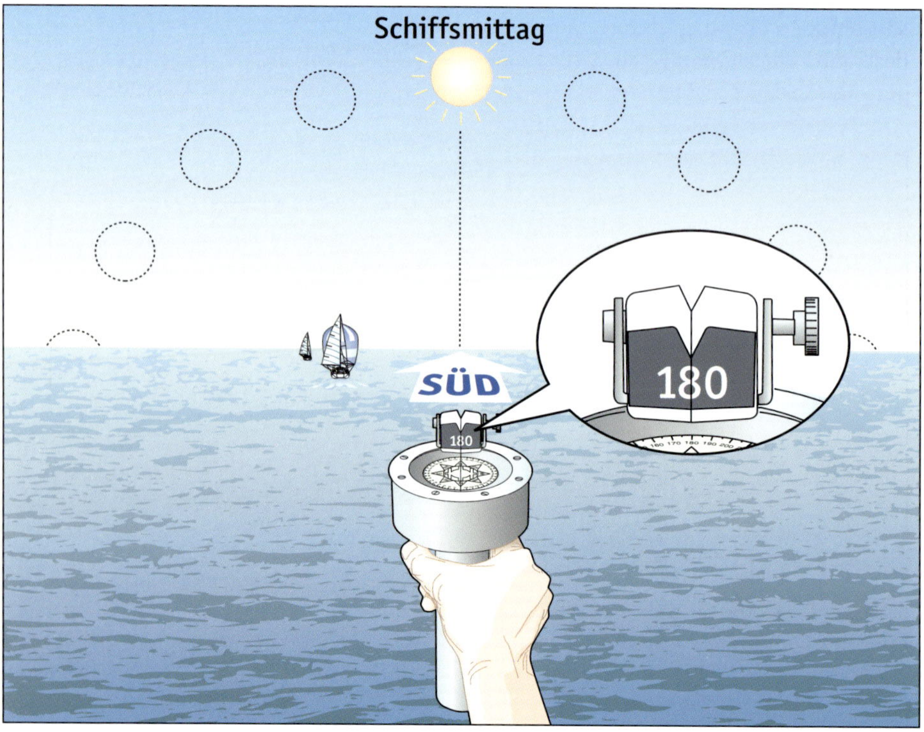

ablaufes, so lässt sich beobachten, dass die Sonne morgens irgendwo im Osten aufgeht, dann vormittags aufsteigt, langsam Richtung Westen wandert, irgendwann auf dem höchsten Punkt ihrer Bahn steht, wieder sinkt und schließlich gegen Abend irgendwo im Westen hinter dem Horizont verschwindet. Natürlich wissen wir, dass sich in Wirklichkeit die Erde um die eigene Achse dreht; unserer Vorstellungskraft entspricht es aber besser, wenn wir zum Zwecke des Erlernens der Astronavigation ruhig die Sonne um die Erde wandern lassen. Wir haben auch gelernt, dass die Sonne mittags im Süden steht. Würden wir auf einem Schiff unabhängig von der Uhrzeit die Sonne mit dem Kompass in dem Moment anpeilen, in dem sie an ihrem höchsten Punkt steht, so würden wir eine rechtweisende Peilung von ganz genau 180°, also Süden, erhalten.* Dieser Zeitpunkt ist Schiffsmittag.

Wir könnten also durchaus unseren Kompass bei »Schiffsmittag« durch eine Peilung der Sonne überprüfen. Nach Berücksichtigung der Missweisung und der Ablenkung müsste sich eine Kompasspeilung von 180° ergeben. Dies ist die einfachste Form der astronomischen Kompasskontrolle. Man sieht, man braucht hierzu weder Nautische Tafeln, Rechengeräte oder sonstige Hilfsmittel, nicht einmal Papier und Bleistift.

Schiffsmittag ist dann, wenn die Sonne den höchsten Punkt ihrer Tageslaufbahn erreicht hat.
Schiffsmittag ist dann, wenn die Sonne ganz genau im Süden steht – rechtweisende Peilung 180°.
Hat die Sonne ihren höchsten Punkt erreicht, so peilt sie rechtweisend genau 180°.

Die Mittagsbreite ist praktisch eine Gerade

Bei der großen Entfernung zum Bildpunkt der Sonne, dessen Weg auf einem Breitengrad entlang um die Erde auf der betreffenden Seite des N. J. nachgelesen werden kann

* Dies gilt für unsere Breiten. Ist der Beobachter sehr weit südlich – z. B. Kapstadt –, dann steht die Sonne für ihn »mittags« im Norden – rechtweisende Peilung 360°.

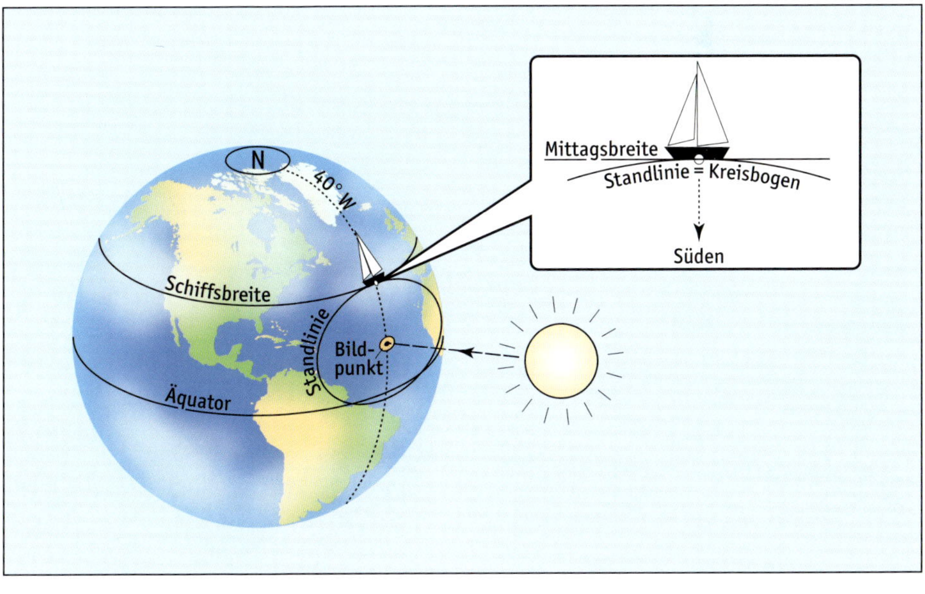

(Anlagen 5 und 6), ist die Krümmung der Kreisstandlinie an unserem Schiffsort kaum noch zu spüren. Sie ist sogar so groß, dass ohne weiteres in die Seekarte mit dem Kursdreieck eine Gerade eingezeichnet werden kann. Nachdem sich das Schiff bei der Mittagsbreite genau im Norden des Bildpunktes befindet, hat die Gerade, die ja genau senkrecht auf der rechtweisenden Peilung zum Bildpunkt (180°) steht, ganz genau eine Ost-West-Richtung. Sie entspricht also einem Breitenparallel. (Hier können wir uns gleich für später merken, dass die rechtweisende Peilung zum Bildpunkt auch Azimut genannt wird.)
Bei der Mittagsbreite kann der Navigator gut auf zeichnerische Konstruktionen verzichten, weil es natürlich vollkommen ausreicht, den Halbmesser des Kreises um den Bildpunkt zu errechnen. Er lässt sich ohne weiteres sowohl in Seemeilen als auch in Grad und Minuten ausdrücken, da ja einem Breitengrad genau 60 Seemeilen entsprechen. Dies geschieht in den folgenden einfachen Berechnungen, wobei der Kreishalbmesser in Grad und Minuten einfach gleich nördlich zur Bildpunktbreite hinzugezählt wird. Das Ergebnis ist dann direkt die Schiffsbreite. Im Sonderfall der Mittagsbreite ist die Berechnung so einfach, dass weder Rechner noch Tafeln als Hilfsmittel benötigt werden. Natürlich ist es nicht notwendig, die Formel für die Mittagsbreite abzuleiten oder sie gar auswendig zu lernen. Im Bedarfsfall sehen wir sie einfach nach.

Bei einer gegissten Breite von 40°N würde am 12.4.2000 gelten:

Breite = 90° + Bildpunktbreite –
Höhenwinkel

Man sieht, die sekundengenaue Zeit ist dabei gar nicht nötig, denn die Länge des Bildpunktes – der Greenwichwinkel – interessiert in diesem Zusammenhang gar nicht. Die Formel für die Mittagsbreite gilt ja nur, wenn die Sonne auf dem höchsten Punkt ihrer Laufbahn um die Erde vom Schiff aus gesehen wird, also genau südlich vom Schiffsort steht. Die Sonne gibt also hier selbst den richtigen Zeitpunkt für die Messung. Aus diesem Grunde kann die Mittagsbreite auch ohne den Einsatz einer genauen Uhr gewonnen werden – für Kolumbus zum Beispiel deshalb die einzige Möglichkeit einer präzisen Standlinie.
Natürlich ist es gut, die ungefähre Uhrzeit zu haben, damit einigermaßen die Declination (Bildpunktbreite) im N. J. festgestellt werden kann. Selbst ein Fehler von einer ganzen Stunde aber würde einen Unterschied in der Bildpunktbreite von kaum einer Breitenminute, also einer Seemeile, ausmachen.

Jetzt die erste Standlinie: Am 12.4.2000 befindet sich das Schiff ungefähr auf 40°09'N und 38 °44'W. Gegen 14 h 00 m UT1 begibt sich der Navigator am späten Vormittag an Deck und beobachtet geduldig im Sextanten die südliche Sonne. Von Zeit zu Zeit misst er den Winkel zwischen der Kimm und dem Sonnenunterrand und bemerkt, dass die Sonne immer langsamer steigt. Schließlich stellt er fest, dass der Winkel im Sextanten für mehrere Minuten gleich bleibt und kurze Zeit darauf wieder langsam kleiner wird. Den größten Winkel gegen 14 h 36 m UT1 hat er sich auf einen Zettel mit 58°51' notiert. Die Sonne war somit auf dem Höhepunkt ihrer Laufbahn, der Winkel von 58°51' ist die Mittagshöhe. Wie lautet die Schiffsbreite?

Die Gesamtbeschickung

Bevor mit der gemessenen Höhe in obige Rechnung eingegangen werden kann, muss diese noch geringfügig verbessert werden. Zum einen wurde nämlich der leicht und sehr exakt zu messende Sonnenunterrand mit dem Sextanten auf den Horizont gesetzt (was in der Sonnennavigation die Regel ist), wohingegen alle Rechnungen lediglich die Gestirnsmitte berücksichtigen. Andererseits wird der Lichtstrahl von der Sonne beim Durchdringen der verschiedenen Luftschichten um die Erde etwas gebrochen, so dass der Navigator – vereinfacht gesprochen – die Sonne an einer Stelle sieht, wo sie sich in Wirklichkeit nicht befindet. Der »wahre Horizont«, der uns ansonsten nicht weiter interessiert, ist ein weiterer Grund für die »Gesamtbeschickung« der Sonne. Anlage 9 ist ein Abdruck aus dem N. J., nämlich die Gesamtbeschickungstafel. In diese Tafel braucht lediglich beim Sonnenunterrand mit dem gemessenen Winkel (linke Spalte) und der Augeshöhe in Metern eingegangen zu werden, worauf die Gesamtbeschickung der Sonne ohne weiteres herausgelesen und ganz einfach zum Winkel am Sextanten hinzugezählt wird.

Auf der gleichen Jahrbuchseite ist unten noch eine Zusatzbeschickung mit einer monatlichen Verbesserung vorgesehen, deren Anbringung aber nicht notwendig ist. Im extremsten Fall ergibt sich hier eine Zusatzverbesserung von 0,3 Winkelminuten, welche aber eine Genauigkeit vortäuschen würde, die auf kleinen Schiffchen mit unseren Sextanten kaum erzielt werden kann.

Ausnahmsweise kann aber die Zusatzbeschickung für den Kimmabstand des Sonnenoberrandes angewendet werden, wenn – in äußerst seltenen Fällen – der Sonnenoberrand gut sichtbar und der Sonnenunterrand von Wolken abgedeckt ist – siehe Foto Seite 84. Am einfachsten bleibt es aber immer, den Sonnenunterrand zu messen.

Würde man die in der Tafel für zwei Meter Augeshöhe (das ist üblich auf Yachten) angegebenen Werte auf volle Minuten auf- oder abrunden, so kann die ganze Gesamtbeschickungstafel für den Sonnenunterrand aus dem N. J. auf folgendes Gerippe zusammengestrichen werden:

gemessener Winkel	Gesamtbeschickung (Gb)
ab 20°	+ 11'
ab 25°	+ 12'
ab 40°	+ 13'

Ich habe mir das auf einen Zettel geschrieben und den in der Navigationsecke an die Wand geklebt. So habe ich weniger zu blättern. Mancher mag die Nase darüber etwas rümpfen, wenn so großzügig mit den Kommabruchstellen umgegangen wird. Es ist auch sicher kaum Mehrarbeit, zu Hause am Schreibtisch die Gb auf die Zehntelminute genau auszurechnen. Auf einem kleinen, schwankenden Schiff aber ist jede unnötige Rechnerei eine Fehlerquelle und wirkt sich besonders bei schlechtem Wetter unten am Navigationstisch, wo es zusätzlich vielleicht nach Diesel stinkt, ganz bestimmt negativ auf den Magen des Navigators aus. Und ein großzügiger Navigator ist allemal besser als ein seekranker. Darüber hinaus wird durch Kommabruchstellen bei der Gb eine Genauigkeit vorgetäuscht, die an Bord gar nicht erzielt werden kann. Schon allein die Augeshöhe ist nicht immer sicher festzustellen. Ist sie bei glattem Wasser zwei Meter; so kann sie bei mäßiger See mit Seegang von einem Meter mal ein Meter fünfzig, mal zwei Meter fünfzig betragen, ohne dass in der Praxis der Navigator dies bei seinen Messungen berücksichtigen kann. Aus diesem Grund wird bei allen folgenden Übungsbeispielen von einer Augeshöhe von zwei Meter und – soweit es sich um Sonnenbeispiele handelt – von obiger vereinfachter Tabelle ausgegangen. Keinesfalls – weder in der Praxis noch bei den Übungsbeispielen – darf aber die Gb weggelassen werden. Denn bei der Sonne würde das sofort zu Fehlern in obiger Höhe, also von mindestens 11 Winkelminuten (entspricht 11 Seemeilen) führen.

Jetzt haben wir alles beisammen, um die Mittagsbreite von Seite 28 ausrechnen zu können. Dies ist ein »Problem« von wenigen Minuten:

	90°	
Declination	+ 8°56'	
Sonnenmessung	–59°04'	(58°51' + 13')
Breite =	39°52' N	

Bitte berechnen:

a) Am 22.8.2000 (gegisster Schiffsort: 41°42' N, 60°14' W) gegen 16 h 03 m UT1 wird die Sonne (Unterrand) an ihrem höchsten Punkt mit 59°44' gemessen.

b) Am 13.4.2000 (gegisster Schiffsort: 54°52' N, 159°52' W) wird gegen 22 h 41 m UT1 die Sonne auf dem höchsten Punkt mit 44°30' gemessen.

c) Am 12.4.2000 (mutmaßliche Position 39°13' N, 8°00' E) wird um 11 h 29 m UT1 die Mittagsbreite mit 59°41' am Sextanten gemessen.

Obige Gleichung gilt nur für den »Normalfall«, also für das Segeln im Sommer in deutschen Gewässern oder im Mittelmeer. Würden wir zum Beispiel in Südafrika gerade um das Kap der Guten Hoffnung laufen, so befände sich in jedem Fall der Sonnenbildpunkt nördlich von uns, bei »Schiffsmittag« würde die Sonne also nicht 180°, sondern 360° rechtweisend peilen. Es kann uns aber auch auf der Nordhalbkugel passieren, dass wir mittags den Sextanten nach Norden halten müssen. Freilich, im Mittelmeer ist dies nie der Fall. Dort haben wir eine Breite von rund 40 Grad Nord. Die nördlichste Declination für die Sonne endet aber bei etwas über 26 Grad Nord, sodass wir im Mittelmeer die Sonne immer(!) mittags im Süden, niemals im Norden sehen. Nördlich ist die Sonne auf der Nordhalbkugel für uns dann, wenn wir uns zum Beispiel im Hochsommer im Nordost-Passat bei 10° Nord befinden. Dann laufen die Rechnungen anders (jedoch gleich einfach), wie folgende Varianten zeigen:

Schiff befindet sich auf der Nordhalbkugel: Die Sonne hat eine nördliche Declination, mittags sehen wir die Sonne im Süden (das ist bei uns der Normalfall), dann gilt:

Breite = 90° + Declination – (gemessener Winkel + Gesamtbeschickung)

Die Sonne hat eine südliche Declination (bei uns im Sommer nie der Fall), dann gilt:

Breite = 90° – Declination – (gemessener Winkel + Gesamtbeschickung)

Die Declination ist nördlich, wir sehen mittags die Sonne im Norden von uns (kommt im Mittelmeer und Deutschland nicht in Frage), dann gilt:

Breite = Declination + (gemessener Winkel + Gesamtbeschickung) -90°

Befindet sich das Schiff auf der Südhalbkugel, so gelten obige Regeln genau umgekehrt, das heißt: Man setze für »südlich« »nördlich« und für »nördlich« »südlich«.

Ganz falsch wäre es nun, diese Regeln auswendig zu lernen. Denn meistens hat es der Navigator während eines Törns nur mit einer einzigen Regel zu tun. Und auch in diesem Falle sollte er es sich so bequem wie möglich machen und vorne ins N. J. oder auf einen Zettel in die Navigationsecke schreiben: »Breite = 90° + Declination – berichtigter Höhenwinkel.«

Die Mittagsbreite von Seite 30:

Lösungen

a)	89°60'	
	+11°31'	
	–59°57'	(59°44'+13')
	41°34' N	
b)	89°60'	
	+ 9°25'	
	–44°43'	(44°30'+13')
	54°42' N	
c)	90°00'	
	+ 8°54'	
	–59°54'	(59°41'+13')
	39°00' N	

VII. Wann ist Mittag?

Damit es nicht vergessen wird: Eine astronomische Standlinie entsteht in gleicher Weise wie bei der Höhenwinkelmessung eines Leuchtfeuers über der Strandkimm. Die aus dem Winkel berechnete Entfernung wird als Kreis um die Position des Leuchtturms bzw. um den Bildpunkt geschlagen und stellt damit die Standlinie dar.

Das Gleiche gilt bei der Mittagsbreite, wobei wir folgende Vereinfachung herausfanden: Die Länge des Bildpunktes (Greenwichwinkel) ist für die Berechnung der Mittagsstandlinie nicht notwendig, weil bei dem Sonderfall der Mittagsbreite ausnahmsweise nur der Breitenunterschied vom Bildpunkt bis zum Schiffsort interessiert, der schließlich die Standlinie, nämlich genau eine Breite ergibt. Logisch: Nachdem die Sonne »mittags« genau(!) im Süden des Schiffes steht, sind Länge des Bildpunktes und Schiffsortlänge identisch.

Das ist aber der einzige Sonderfall, bei dem die Kenntnis der genauen Zeit nicht notwendig ist. Allerdings ist das, was wir im vorigen Kapitel gemacht haben, höchst unpraktisch. Wir haben nämlich schon am Vormittag auf dem Kajütdach gesessen und haben dort geduldig gewartet, bis endlich einmal die Sonne ihren höchsten Punkt erreicht hat. Abgesehen davon, dass diese Prozedur nur bei gutem Wetter angebracht ist, schadet dies zum Beispiel der Genauigkeit des Sextanten, der sich im gleißenden Sonnenlicht – wie jeder metallische Gegenstand – etwas dehnt, wodurch selbstverständlich die Genauigkeit beeinträchtigt wird.
Es wäre deshalb tatsächlich wünschenswert – und in der Praxis macht man es nicht anders –, wenn wir die Mittagszeit vorher berechnen, was ohne weiteres möglich ist.

Dann können wir in Ruhe einige Minuten früher rausgehen und die Sonne in ihrem höchsten Winkel messen, den sie scheinbar mehrere Minuten lang im Sextanten beibehält. Deshalb wird die Mittagszeit immer vorausberechnet.
Keinesfalls sollte darüber hinweggelesen werden, denn hieraus entwickelt sich auch auf den nächsten Seiten die höchst einfache Methode der Längenbestimmung »aus zwei gleichen Höhen«.

Bitte nochmals vergegenwärtigen: Mittag ist dann, wenn die Sonne auf ihrem höchsten Punkt steht. Die Sonne ist auf dem höchsten Punkt ihrer Laufbahn, wenn sie und ihr Bildpunkt sich ganz genau im Süden vom Schiff befinden.
(In Südafrika oder in der Südsee steht sie bei Schiffsmittag natürlich im Norden der Yacht.)

Bei Schiffsmittag befinden sich Sonnenbildpunkt und Schiff auf gleicher Länge.

Wie auf Seite 21 ff. gezeigt wurde, kann für jeden beliebigen Zeitpunkt des Tages mithilfe des N. J. genau die Länge (Greenwichwinkel) des Bildpunktes festgestellt werden. Umgekehrt kann natürlich auch auf gleich einfache Weise mit der Länge des Bildpunktes die genaue Weltzeit gefunden werden. Wenn also beispielsweise am 23.8.2000 der Sonnenbildpunkt sich auf 29°22.8' (nicht »W«! – die Bildpunktlänge zählt immer 360° nach Westen) befindet, dann ist es genau 14 h 00 m 00 s UT1 (siehe Anlage 6).

Bei »Schiffsmittag« wird der Sonnenbildpunkt unsere Schiffslänge erreicht haben. Um den genauen Mittagszeitpunkt an Bord zu erfahren, müssen wir also im N. J. lediglich ausrechnen, wann der Sonnenbildpunkt unsere Länge erreicht haben wird. Natürlich kennen wir meist nicht unsere genaue Länge, doch für die Vorausberechnung der Mittagszeit reicht es ohne weiteres aus, wenn wir hierfür die gegisste (geschätzte) Schiffslänge benutzen. Am 22.8.2000 befinden wir uns beispielsweise auf einer geschätzten Länge von 33°00' W. Ein Blick ins N. J. zeigt, dass die Sonne unsere Länge zwischen 14 h 00 m 00 s UT1 und 15 h 00 m 00 s UT1 erreicht haben

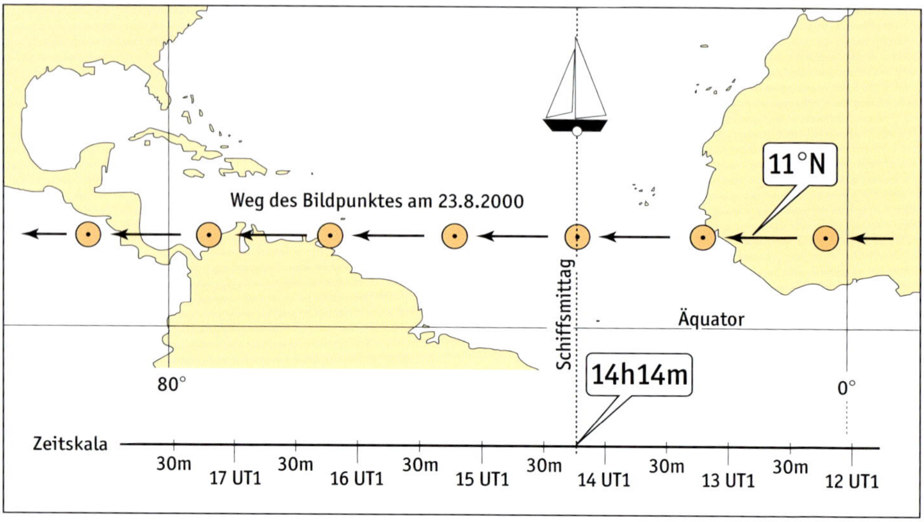

wird, also dann Mittag ist. Wenn die Sonne, so das N.J. – Anlage 6 – um 14 h 00 m 00 s UT1 auf 29°18,9' war, dann lautet die weitere Frage lediglich: Wie viel Zeit benötigt sie von ihrer Bildpunktlänge um 14 h 00 m 00 s UT1 (29°18,9') bis zu unserer Schiffslänge von 33°00', also für weitere 3°41,1'? Hier gibt die Schalttafel (Anlage 7) des N.J. die Antwort mit 14 m 44 s, sodass Schiffsmittag um 14 h 14 m 44 s UT1 sein wird, wenn wir auf der gegissten Länge sind.

Selbst wenn unsere gegisste Schiffslänge nur ganz grob richtig ist, macht dies in der Praxis kaum etwas aus, weil ja die Sonne sich – scheinbar – vier Minuten auf dem höchsten Punkt ihrer Laufbahn befindet. Außerdem wird der Skipper ohnehin zur Sicherheit einige Minuten früher nach oben gehen.
Befindet sich das Schiff auf Ostlänge, muss zur Berechnung der Mittagszeit noch zusätzlich überlegt werden: Der Greenwichwinkel (Bildpunktlänge) zählt immer nach Westen von 0° bis 360° um den Erdball herum, während die Schiffslänge auch nach Osten bis 180° (E oder W) gerechnet wird. Ist das Schiff auf 10°E, so ist deshalb Schiffsmittag, wenn der Bildpunkt 350° erreicht hat.
Zur Vorausberechnung der Mittagszeit bei Ostlängen muss also erst die Schiffslänge in Bildpunktlänge umgerechnet werden:

360° – Schiffs-Ost-Länge =
Bildpunktlänge bei Schiffsmittag

Bitte beantworten: Wann ist Schiffsmittag bei einer gegissten Schiffslänge von

a)	40°58,7' W	am 13.4.2000?
b)	63°55,2' W	am 12.4.2000?
c)	114°53,5' W	am 22.8.2000?
d)	3°28,1' W	am 12.4.2000?
e)	26°32,8' E	am 23.8.2000?
f)	154° 6,2' E	am 12.4.2000?

VIII. Die Mittagslänge aus zwei gleichen Höhen

Die Vorausberechnung der Mittagszeit hat die Sache nun wieder kompliziert. Aber keine Angst, die ganze Hirnarbeit für die Längenbestimmung ist damit vorweggenommen. Mit dem bisherigen Wissen lässt sich die Länge nämlich leicht ohne weitere Hilfsmittel berechnen. Dazu wird ein Verfahren angewandt, das lange in Deutschland weitgehend unbekannt war, weil die Großschifffahrt, die es sich ja leisten konnte, ihre Leute jahrelang auszubilden, es gar nicht nötig hatte, auf so einfache Verfahren zurückzugreifen. Dagegen wurde es umso eifriger von amerikanischen und englischen Yachtleuten in der Praxis zur Zufriedenheit benutzt. Das Verfahren »Noon Longitude by Equal Altitudes« geht von folgender Überlegung aus: Wenn sich wie vorher – bei bekannter Länge – ausrechnen lässt, wann die Sonne am höchsten steht, also ihr Bildpunkt sich auf der Schiffslänge befindet, kann natürlich umgekehrt genauso leicht festgestellt werden, auf welcher Länge sich das Schiff befindet, wenn nur sekundengenau der Zeitpunkt gestoppt wird, in dem die Sonne für den Navigator auf der Yacht an ihrem höchsten Punkt steht, also Mittag ist. Gerade das aber stößt auf praktische Schwierigkeiten. Aus der Sonnenkurve lässt sich ersehen, dass nämlich die Sonne praktisch vier Minuten lang ihren größten Winkel beibehält. Ein Könner am Sextanten wäre also höchstens in der Lage, den Mittagszeitpunkt auf vier Zeitminuten genau anzugeben. In vier Minuten aber kann der Bildpunkt der Sonne, der in vierundzwanzig Stunden 360° zurücklegt, einen ganzen Grad weit wandern, also im ungünstigsten

Falle am Äquator 60 Seemeilen weit. Solche Ungenauigkeiten sind aber für die Navigation indiskutabel.
Ein unbekannter Sailor hat dazu nun den genialen Einfall gehabt: Die Kurve, die die Sonne mittags für einen Beobachter beschreibt, ist – so sagte sich dieser Praktiker – gleichmäßig und symmetrisch. Wenn der Navigator also die Sonne zu einem Zeitpunkt misst, wo sie noch kräftig steigt, und wartet, bis sie im Sextanten beim Herabsinken wieder genau in demselben Winkel gesehen wird, dann muss in der Mitte zwischen den beiden Messungen die Sonne auf ihrem höchsten Punkt und damit sekundengenau auf der Schiffslänge gewesen sein. Und dieser Zeitpunkt lässt sich ja nun ganz leicht errechnen:

Angenommen: Am 12.4.2000 wird der Sonnenunterrand bei steigender Sonne um 13 h 53 m 02 s UT1 mit 51°48' gemessen. Um etwa 14 h 42 m UT 1 steht die Sonne auf ihrem höchsten Punkt und sinkt dann wieder. Um 15 h 31 m 46 s UT1 wird sie wieder mit 51°48' gemessen.

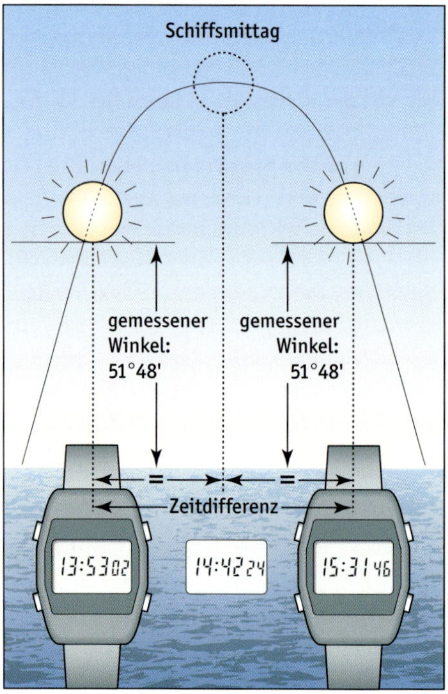

Der genaue Mittagszeitpunkt liegt also exakt in der Mitte zwischen beiden Messungen. Um ihn zu berechnen, werden beide Zeiten addiert und durch 2 geteilt. Aber aufpassen, wir haben es nicht mit Dezimalbrüchen, sondern mit Minuten und Sekunden zu tun!

13 h 53 m 02 s
15 h 31 m 46 s
28 h 84 m 48 s :2 = 14 h 42 m 24 s UT1.

Die letzte Frage lautet nun: Auf welcher Länge war der Sonnenbildpunkt um 14 h 42 m 24 s UT1? Das N. J. gibt die Antwort:
Um 14 h 00 m 00 s UT1 war die Bildpunktlänge 29°49,9'. In den weiteren 42 Minuten und 24 Sekunden lief der Sonnenbildpunkt noch 10°36,0' (Anlage 8), sodass Bildpunkt und Schiffslänge um 14 h 42 m 24 s UT1 genau auf

29°49,9'
+10°36,0'
40°25,9' W

waren.
Würde sich das Schiff auf Ostlänge befinden, also die Bildpunktlänge mehr als 180° betragen, müsste der Greenwichwinkel (Bildpunktlänge) noch zur Schiffslänge berichtigt werden, weil die Schiffslänge von 0° bis 180° Ost oder West zählt, während die Bildpunktlänge von 0° bis 360° gerechnet wird.
Um die Schiffsostlänge zu bekommen, gilt: 360° – Bildpunktlänge.

Ergebnisse von Seite 33:
a) Grt um 14 h 00 m 00 s: 29°53,7'
   Zeit für einen Zuwachs von 11°05,0' (40°58,7' – 29°53,7'):
   44 m 20 s, also Schiffsmittag um:
   14 h 44 h 20 s

b) Grt um 16h 00 m 00 s: 59°50,2'
Zeit für einen Zuwachs von 4°05,0'
(63 °55,2' – 59°50,2'):
16 m 20 s, also Schiffsmittag um:
16 h 16 m 20 s

c) Grt um 19 h 00 m 00 s: 104°19,7'
Zeit für einen Zuwachs von 10°33,8'
(114°53,5' – 104°19,7'):
42 m 15 s, also Schiffsmittag um:
19 h 42 m 15 s

d) Grt um 12 h 00 m 00 s: 359°49,6'
Zeit für einen Zuwachs von 3°38,5'
(363 °28,5' – 359°49,6'), also
(362 °88,5' – 359°49,6'):
14 m 34 s, also Schiffsmittag um:
12 h 14 m 34 s

e) Eine Ostlänge von 26°32,8' E entspricht einem Grt von:
359°60' – 26°32,8' E = 333°27,2'
Grt um 10 h 00 m 00 s: 329°22,2'
Zeit für einen Zuwachs von 4°05,0'
(333 °27,2' – 329°22,2'):
16 m 20 s, also Schiffsmittag um:
10 h 16 m 20 s

f) Eine Ostlänge von 154°6,2' E entspricht einem Grt von:
359°60' – 154°6,2' = 205°53,8'
Grt um 1 h 00 m 00 s: 194°47,8'
Zeit für einen Zuwachs von 11°06,0'
(205 °53,8' – 194°47,8'):
44 m 24 s, also Schiffsmittag um:
1 h 44 m 24 s

Nochmals das Prinzip der »Mittagslänge aus zwei gleichen Höhen«:

- Die Sonne befindet sich auf dem höchsten Punkt ihrer Laufbahn dann, wenn sie genau auf Schiffslänge ist.
- Nachdem sie sich im Sextanten – scheinbar – vier Minuten lang im größten Winkel befindet, kann so die Zeit sekundengenau nicht festgestellt werden.
- Wird irgendwann vor Mittag und nach Mittag der gleiche Winkel gemessen, so muss sich die Sonne sekundengenau zwischen den beiden Messzeitpunkten auf ihrem höchsten Punkt befunden haben.
- Aus dem N. J. lässt sich für den so ermittelten Mittagszeitpunkt genau die Bildpunktlänge bestimmen.
- Die Bildpunktlänge ist damit genau die Schiffslänge, wenn sich das Schiff auf Westlänge befindet.
- Befindet sich das Schiff auf Ostlänge, so muss die Bildpunktlänge von 360° abgezogen werden. (Hierbei wird zur rechnerischen Vereinfachung für »360°« gleich »359°60'« geschrieben.)

Bitte rechnen!

1. Gegisster Schiffsort am 12.4.2000
   53°16' N, 48°44' W

   a) Wann ungefähr ist Mittag?

   b) Um 14 h 14 m 10 s wird der Sonnenunterrand mit 44°30' aus einer Augeshöhe von 2 m gemessen. Um 15 h 16 m wird die Mittagshöhe mit 46°20' am Sextanen genommen, und um 16 h 16 m 14 s wird die Sonne wiederum mit 44°30' gemessen. Schiffsbreite?

   c) Schiffslänge?

2. Gegisster Schiffsort am 23.8.2000:
   32°56' N, 139°59' E

   a) Messung – Sonnenunterrand – um 01 h 24 m 38 s UT1 mit 61°38'

   b) Messung – Mittagsbreite – gegen 02h 43 m UT1 mit 68°15' (2 m Augeshöhe)

c) Messung um 4 h 02 m 00 s UT1
wieder mit 61°38'
Mittagsbreite? Mittagslänge?

Vorteile der »Mittagslänge aus zwei gleichen Höhen«:

- Sie ist die einfachste Art der astronomischen Navigation.
- Es braucht nichts gezeichnet zu werden, das Ergebnis der einfachen Rechnung ist unmittelbar die Längenkoordinate des Schiffsortes.
- Es sind keine Tafelwerke notwendig.
- Ausnahmsweise muss die Gb nicht beim gemessenen Winkel angebracht werden, da es nur darum geht, zweimal den gleichen Winkel zu messen.
- Hat der Sextant einen Stoß abbekommen, sodass Zweifel bestehen, ob der auf der Trommel angezeigte Winkel wirklich gemessen wurde, kann mit der Mittagslänge trotzdem weiternavigiert werden, weil es hierbei nicht darauf ankommt, wie groß der gemessene Winkel ist, sondern nur, ob der gleiche Winkel zweimal gemessen wurde.

Ergebnisse von Seite 35:
1.a) Grt um 15 h 00 s 00 m:
44°50,1' W
48°44' W
– 44°50,1' W
3°53,9'
Unt = 15 m 36 s
also Schiffsmittag um 15 h 15 m 36 s

b) 90°00'
+ 8°57'
–46°33' (46°20' + 13')
Breite: 52°24' N

c) 1. Messung: 14 h 14 m 10 s
2. Messung: 16 h 16 m 14 s
30–30–24:2 = 15 h 15 m 12 s

Grt um 15 h 00 m 00 s:	44°50,1'
+ Zuwachs für 15 m 12 s:	3°48,0'
Schiffslänge	48°38,1' W

2.
Mittagsbreite:
90°00'
+11°22'
–68°28' (68°15' + 13')
Breite: 32°54' N

c) 1. Messung: 1 h 24 m 38 s
2. Messung: 4 h 02 m 00 s
5 – 26 – 38
= 4 – 86 – 38 : 2
= 2 – 43 – 19

Grt um 2 h 00 m 00 s:	209°20,9'
+ Zuwachs für 43 m 19 s:	10°49,8'
	220°10,7'
Schiffslänge	359°60'
	– 220°10,7'
	139°49,3' E

Nachteile der »Mittagslänge«:

- Es sind zwei Messungen für eine Standlinie notwendig.
- Es kann passieren, dass der zweite gleiche Winkel nicht gemessen werden kann, weil genau in diesem Moment eine Wolke die Sonne verdeckt (dem kann vorgebeugt werden, indem vor Mittag mehrere Höhen – sozusagen auf Reserve – gemessen werden).
- Es ist in der Praxis nicht ganz einfach festzustellen, wann die Sonne den gleichen voreingestellten Winkel im Sextanten erreicht hat.
- Nimmt man deshalb einen großen Zwischenraum zwischen beiden Messungen, um eine deutlichere Steig- und

Fallgeschwindigkeit der Sonne zu haben, können durch Veränderungen des Schiffsorts während der beiden Messungen Ungenauigkeiten entstehen.

Zum letzten Punkt: Dümpelt die Yacht zwischen beiden Messungen in einer Flaute, so handelt es sich bei der Mittagslänge aus zwei gleichen Höhen um ein sehr genaues Verfahren, genauer als das Höhenverfahren mit den PUB.NO.249-Tafeln.

Läuft die Yacht – gleichgültig mit welcher Geschwindigkeit – zwischen beiden Messungen in östlicher oder westlicher Richtung, so ist das Verfahren auch genauer als das nachfolgende Verfahren nach PUB.NO.249.

Nur wenn die Yacht zwischen beiden Messungen größere Strecken in Nord- oder Südrichtung zurücklegt, können bei dieser Methode nennenswerte Ungenauigkeiten entstehen. Das leuchtet ein, wenn wir uns den Vergleich mit der Höhenmessung eines Leuchtfeuers (Seite 16) vor Augen halten. Segeln wir nach der ersten Messung nach Süden auf die Sonne zu (Leuchtfeuer!), so müssen wir mehr aufsehen, der Winkel, den wir messen, wird größer. Segeln wir nach Norden, wird der Winkel kleiner. Oder umgekehrt: Wenn wir auf Südkurs die zweite Messung vornehmen, so erreicht die Sonne etwas verspätet beim Sinken den Winkel von vor Mittag, weil wir zwischenzeitlich ja näher an der Sonne dran sind. Dieses Problem lässt sich aber leicht nach folgender Regel lösen, die in allen Fällen für Yachten genügend genaue Ergebnisse (nicht schlechter als drei Seemeilen) der Mittagslänge aus zwei gleichen Höhen bringt:

- Für jede Meile, die sich das Schiff zwischen beiden Messungen zur Sonne HINZU bewegt, ist am Sextanten dem voreingestellten Winkel vor der zweiten Messung eine Minute HINZU zu zählen.
  Segelt das Schiff von der Sonne WEG, so muss vor der zweiten Messung für jede Meile eine Minute am voreingestellten Sextanten WEG gezählt werden.

Merke: Zwischen beiden Messungen sollte mindestens eine Stunde liegen.

Am 22.8.2000 steht die YAHOO auf ungefähr 39°53' N und 160°41' E. Sie läuft mit ca. 6 kn in nördlicher Richtung. Um 0 h 16 m 10 s UT1 wird der Sonnenunterrand mit 58°14' gemessen. Die Mittagsbreite gegen 1 h 17 m UT1 ergibt am Sextanten einen Winkel von 61°10'. Um 2 h 18 m 54 s UT1 »küsst« die Sonne im voreingestellten Sextanten wieder die Kimm.

a) Welcher Winkel wurde im Sextanten voreingestellt?
b) Mittagsort?

Während die »Mittagsbreite« in der Astronavigation das tägliche Brot jedes Navigators auf hoher See ist, wird die »Mittagslänge« häufig nur von jenen verwendet, die lediglich »auch mal« astronomisch navigieren wollen. Was eigentlich schade ist, denn die beiden Verfahren geben auf einfache Art die Möglichkeit einer Ortsbestimmung, ohne neben dem Nautischen Jahrbuch über irgendwelche Tafeln oder Rechner verfügen zu müssen. Auch eine Spezialkarte ist nicht notwendig, ja man kommt ohne jede Zeichnerei aus. Ein großer Vorteil gegenüber dem nachfolgenden Höhenverfahren. Dabei sind Mittagslänge und Mittagsbreite so leicht, dass jeder, der sie einmal »kapiert« hat, bei Notwendigkeit leicht zu rekapitulieren ist. Es gibt eine ganze Reihe von berühmten Weltumseglern, die in den Zeiten ohne Satelliten alleine mit Mittagsbreite und Mittagslänge in seemännisch hervorragender Weise um den Globus navigiert sind.

Heute, wo selbstverständlich jeder in erster Linie dem GPS vertraut, drängt sich dieses so einfache und damit zuverlässige Verfahren zur Ortsbestimmung dann auf, wenn einen die Satelliten im Stich lassen. Im Notfall wird der Atlantiküberquerer dann froh sein, einen kompletten Ort bestimmen zu können.

Wem dies ausreicht, und dagegen ist nichts einzuwenden, der kann hier die Lektüre des Buches beenden. Wer sich allerdings nicht damit begnügen will, seinen Schiffsort nur einmal am Tag um die Mittagszeit astronomisch zu bestimmen, der sollte sich mit dem nachfolgenden Höhenverfahren auseinander setzen, mit dem es rund um die Uhr möglich ist, mithilfe von sichtbaren natürlichen Gestirnen seinen Schiffsort zu bestimmen. Keine Angst, mehr als der gesunde Menschenverstand ist nicht nötig, es zu begreifen. Auch hier gilt das »Grundgesetz« in der Navigation: Ein Schiffsort ergibt sich immer aus dem Schnittpunkt von zwei Standlinien. Und auch die Standlinie beim Höhenverfahren ist der Kreis um den Bildpunkt des Gestirns, auf dem sich unser Schiff befindet.

IX. Das Höhenverfahren oder der Trick mit dem gegissten Schiffsort

Bitte nochmals an die drei Fälle der Höhenmessungen denken:

1. Der Leuchtturm steht vor der Kimm; aus Höhe des Leuchtturms und Sextantwinkel kann die Entfernung zum Leuchtturm berechnet werden (Seite 16). Um die Standlinie zeichnen zu können, ist notwendig:
   a) die Entfernung zwischen Leuchtturm und Beobachter,
   b) die Position des Leuchtturms auf der Standlinie (Kreis), wo der Zirkel eingestochen werden kann.
2. Auch wenn der Leuchtturm hinter der Kimm steht, kann die Entfernung von der Yacht zum Leuchtturm berechnet werden (Seite 17).
   Zum Zeichnen der Standlinie ist auch hier notwendig:
   a) die Entfernung Yacht – Leuchtturm,
   b) die Position des Leuchtturms in der Seekarte.
3. Bei einer Sonnenmessung kann aus dem gemessenen Winkel und der Höhe des Gestirns (unendlich!) die Entfernung zum Bildpunkt des Gestirns berechnet werden.
   Eine Standlinie könnte dann als Kreis gezeichnet werden mit
   a) der Entfernung Yacht – Bildpunkt des Gestirns als Radius des Kreises,
   b) der Position des Bildpunktes, damit dort auf der Karte der Zirkel eingesteckt werden kann.

Ergebnisse von Seite 37:

Nachdem zwischen den beiden Messungen vor und nach Mittag ungefähr 2 Stunden vergangen sind, bei 6 Knoten die Yacht also 12 Meilen Richtung Norden – von der Sonne WEG – zurückgelegt hat, müssen vom ersten gemessenen Winkel 12 Winkelminuten abgezogen werden, sodass 58°02' am Sextanten einzustellen sind. Damit wird der »gleiche« Winkel wie vor Mittag gemessen.

Mittagsbreite:

	90°00'	
	+11°44'	
	–61°23'	(61°10' + 13')
Breite:	40°21' N	

c) 1. Messung:	0 h 16 m 10 s	
2. Messung:	2 h 18 m 54 s	
	2 – 34 – 64 : 2	
	= 1 – 17 – 32	

Grt um 1 h 00 m 00 s:	194°16,8'
+ Zuwachs für 17 m 32 s:	4°23,0'
	198°39,8'

Schiffslänge	359°60'
	– 198°39,8'
	161°20,2' E

Vielleicht hat so mancher Praktiker unter den Lesern, der hier nur seine Kenntnisse wieder auffrischen möchte, und auch derjenige, der sich bereits an Bord mit dem Sextanten in der Hand arbeiten sieht, bereits bemerkt, dass mit dem Gleichnis von der Höhenwinkelmessung eines Leuchtturms das Prinzip der Astronavigation wohl einleuchtend dargelegt ist, dass aber in der Praxis Schwierigkeiten auftauchen werden. Um einen Kreis, also die Standlinie, um das Leuchtfeuer oder den Bildpunkt des Gestirns in der Seekarte schlagen zu können, ist natürlich Voraussetzung, dass darauf sowohl der Schiffsort als auch die Position des Leuchtfeuers oder der Bildpunkt eingezeichnet werden können. Hier ergeben sich nun in der Astronavigation einige Schwierigkeiten. Betrachten wir einmal den Weg der Sonne um die Erde, also die jeweilige Position des Bildpunktes. Beim Durchblättern des N. J. stellen wir dabei fest, was wir ohnehin in der Schulzeit schon gelernt haben, was uns aber vielleicht damals nicht so richtig bewusst wurde. Am 21. Dezember, also im tiefsten Winter, rast der Bildpunkt der Sonne von Ost nach West auf seiner südlichsten Bahn entlang, nämlich auf S 23°26,1'. Die Sonne ist an diesem Tag von unseren Breiten – nach Graden – am weitesten entfernt, was im übrigen auch der Grund für die niedrigen Temperaturen in Deutschland ist. Am 21. Juni dagegen ist uns die Sonne bereits bis auf N 23°26,5' entgegengekommen, es ist Hochsommer. Wenn wir aber berücksichtigen, dass ein Breitengrad 60 Seemeilen entspricht, so verbleibt unter den günstigsten Bedingungen, also Hochsommermittag, immer noch von der Ostsee aus gesehen eine Entfernung vom Sonnenbildpunkt von ca. 31 Breitengraden, das sind 1860 Seemeilen. Wir müssten also für unsere Navigation in der Ostsee eine Seekarte benutzen, auf der einmal unsere Schiffsposition eingezeichnet werden könnte, auf der aber auch die jeweilige Position des Bildpunktes enthalten wäre. Das hieße für eine Sonnenstandlinie am Nachmittag immerhin von der Ostsee bis nach Westindien. Andererseits bräuchten wir bei der Navigation in der Karibik für eine Morgenstandlinie eine Seekarte, die bis Afrika reicht, wie die Zeichnung auf der nächsten Seite zeigt.

Dass mit einer derartigen Karte keinerlei genaue Standlinien selbst mit dem spitzesten Bleistift zu erhalten sind, dürfte ein-

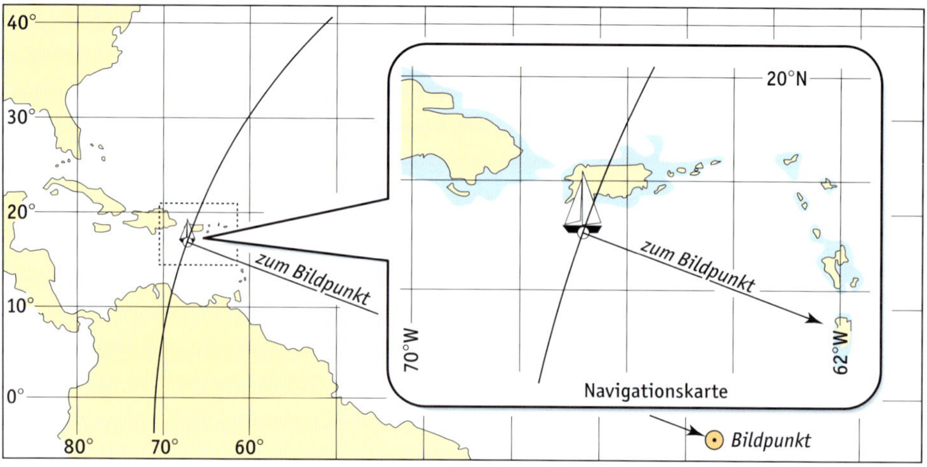

leuchten. Bis auf Sonderfälle ist das bisher erklärte Prinzip der Astronavigation also deshalb nicht zu gebrauchen, weil Schiffsort und Bildpunkt sich nicht auf der gleichen Karte befinden. Das heißt aber nicht, dass alle unsere Überlegungen bis hierher umsonst waren und sich der Leser gar aufs Glatteis geführt sehen muss, sondern nur, dass nach einem Weg gesucht werden muss, um diesen geringfügigen praktischen Schwierigkeiten aus dem Wege zu gehen. Dieser letzte Gedankenschritt, der zum Verständnis des heute allgemein gebräuchlichen Höhenverfahrens noch fehlt, ist keineswegs nur von hochintelligenten Menschen zu begreifen, sondern sicher auch von jenen, die noch nie navigiert haben.

Also: Stellen wir uns noch einmal das Dreieck vor, das beim Berechnen der Entfernung von einem Leuchtfeuer hinter der Kimm als gedankliche Stütze benutzt wurde. Wie bereits ausgeführt, lässt sich die Entfernung vom Bildpunkt des Gestirns (Fußpunkt des Leuchtturms) aus dem Winkel »Gestirn – Beobachter – Kimm« berechnen. Es ist einleuchtend, dass man umgekehrt auch den Winkel berechnen könnte, wenn die Entfernung »Bildpunkt – Schiff« bekannt wäre. Nun kennen wir nicht unseren Schiffsort, den wollen wir ja mit astronomischen Standlinien erst bestimmen. Aber zumindest lässt sich die Entfernung »Bildpunkt – gegisster Schiffsort« ausrechnen. Diese Rechnung müssen wir natürlich nicht durchführen. Es ist nur wichtig, dass wir uns genau vergegenwärtigen, dass die – mathematisch einfache – Möglichkeit hierzu besteht. Aus der Entfernung aber lässt sich dann logischerweise ganz genau auch der Winkel berechnen, der an Bord (wenn sich das Schiff genau auf dem geschätzten Schiffsort befinden würde) zwischen Horizont und Sonne gemessen würde. Logisch: Je näher ich am Bildpunkt des Gestirns, zum Beispiel der Sonne, dran bin, umso mehr muss ich zu ihr aufschauen. Umgekehrt: Wenn ich weit von ihrem Bildpunkt auf der Erdoberfläche entfernt bin – abends und morgens –, sehe ich sie unter einem kleinen Winkel. Dieser Winkel ist eng an die Entfernung zum Bildpunkt gekoppelt, hängt von ihr ab. Kenne ich also die Entfernung vom Bildpunkt, kann ich auch den Winkel berechnen. Steht die Sonne über mir, dann messe ich einen Winkel von 90 Grad, die Entfernung zum Bildpunkt ist null. Beträgt der Winkel 89 Grad, bin ich also nicht auf ihm, sondern etwas vom Bildpunkt entfernt,

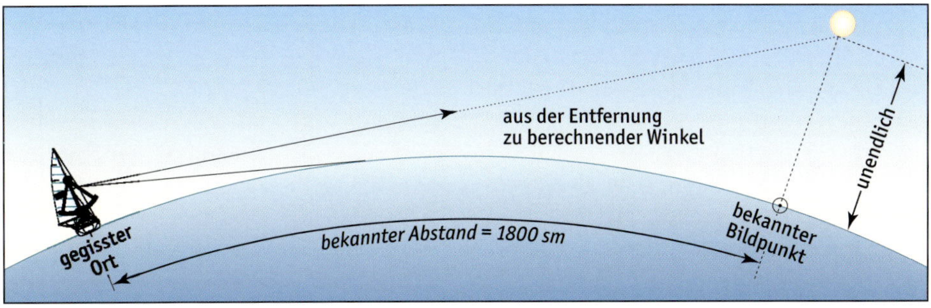

nämlich genau(!) 90 Grad minus 89 Grad, also einen Winkelgrad, was 60 Winkelminuten und damit 60 Seemeilen entspricht. Hätten wir mit dem Sextanten genau 70 Grad gemessen (Gesamtberichtigung berücksichtigt), so wären wir 90 minus 70, also 20 Grad und damit 1200 Seemeilen vom Bildpunkt entfernt. Wir bräuchten also in eine entsprechende Seekarte nur den zum Messzeitpunkt exakten Bildpunkt einzuzeichnen und um ihn einen Kreis mit einem Durchmesser von 1200 Seemeilen zu zeichnen – und schon wäre die Standlinie fix und fertig (siehe das Prinzip der Messung eines Leuchtturms – Seite 17).

Aber selten sind Bildpunkt und Schiffsort auf einer Karte. Setzen wir dieses Gedankenspiel nur ganz wenig fort, dann fehlt nur ein kleiner Schritt, um das Höhenverfahren voll und ganz zu erklären: Messen wir in der Praxis an unserem gegissten Schiffsort die Sonne, berechnen mit Tafelhilfe aus dem Winkel die dazugehörige Entfernung vom gegissten Schiffsort zum Bildpunkt und erhalten tatsächlich genau (und zufällig) denselben Winkel, den wir berechnet haben, dann würden wir uns – und jetzt Vorsicht – nicht unbedingt im gegissten Schiffsort befinden, sondern auf dem Teil des Kreises um den Bildpunkt, der genau die gleiche Entfernung zum Bildpunkt hat wie der gegisste Schiffsort und der selbstverständlich auch durch den gegissten Schiffsort läuft.

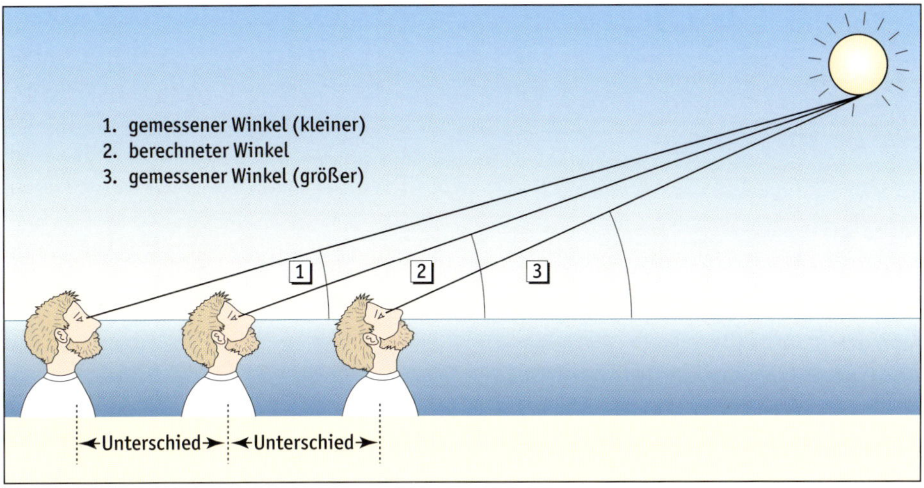

Dies ist ein nicht sehr wahrscheinlicher Fall. In der Praxis spielt sich das fast immer etwas anders ab: Die Sonne wird gemessen, die Zeit der Messung sekundengenau festgestellt, damit – und das ist der einzige Sinn der genauen Zeitmessung – die Bildpunktposition genau berechnet werden kann. Anschließend wird der Winkel berechnet, der gemessen worden wäre, hätte sich das Schiff genau auf der gegissten Position befunden. Doch tatsächlich wurde ein geringfügig anderer Winkel (je kleiner der Unterschied zum berechneten Winkel, umso besser) gemessen. Und nun noch einmal zurückdenken an die Zeichnung mit dem Leuchtfeuer hinter der Kimm! Ist der tatsächlich gemessene Winkel kleiner als der für den gegissten Schiffsort berechnete, so befindet sich das Schiff etwas weiter vom Bildpunkt entfernt; ist der Winkel größer, muss der Navigator also mehr zum Leuchtfeuer (Sonne) aufsehen, so ist das Schiff näher am Bildpunkt dran. Das Ziel der astronomischen Navigation ist und bleibt aber immer die Standlinie. Allein mit dem Wissen, dass wir soundso viele Meilen vom Bildpunkt weiter weg als die gegisste Schiffsposition sind, ist uns noch nicht viel gedient. Wir wollen ja eine Standlinie zeichnen. Die Standlinie ist der Kreis um den Bildpunkt. Bei einer Entfernung von mehreren tausend Meilen zum Bildpunkt aber ist der Kreisausschnitt, der über unsere Karte läuft, nur noch so wenig gekrümmt, dass er praktisch zur Geraden wird (so wie bei der Mittagsbreite auf Seite 26). Diese Gerade können wir aber noch nicht zeichnen, weil wir ihre Richtung nicht kennen. Deshalb letzte Gedankenübung: Wenn wir uns den Kreisabschnitt, der unsere Standlinie sein wird, so groß vorstellen, dass eine Krümmung nicht mehr sichtbar ist (was meist der Fall ist), stellen wir fest, dass diese Gerade genau im rechten Winkel zu einem gedachten Radius (der natürlich zum Kreismittelpunkt = Bildpunkt führt) verläuft.

Um sie zeichnen zu können, muss deshalb auch berechnet werden, in welcher Richtung (= Azimut) der Bildpunkt liegt. (Zeichnung unten genau ansehen!)

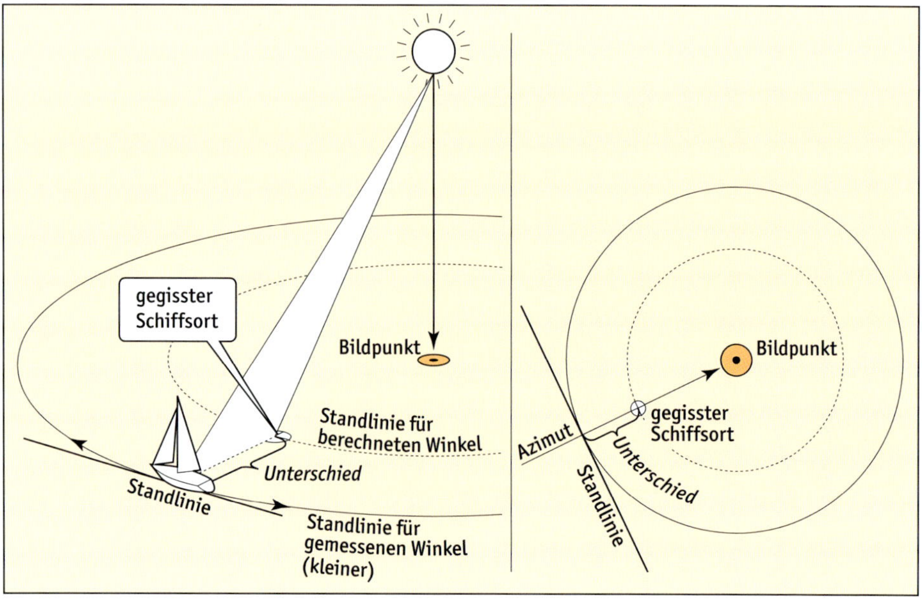

Mancher Leser wird sich fragen, warum die Richtung zum Bildpunkt, die ja der rechtweisenden Peilung zum Gestirn entspricht, berechnet werden soll und nicht mit dem Handkompass gepeilt wird. Ganz einfach: Die dabei entstehenden Peilfehler würden zu unzulässig groben Ungenauigkeiten führen. Ist es dann aber exakt genug, die Richtung vom gegissten Schiffsort, in dem wir uns ja mit einiger Sicherheit nicht befinden, für die Konstruktion unserer Standlinie zu verwenden? Ja, denn bei der ungeheuren Entfernung zum Bildpunkt müsste unser gegisster Schiffsort schon mehr als 30 Meilen von unserem tatsächlichen Schiffsort entfernt sein, damit sich hier eine Ungenauigkeit von mehr als 1 Grad einschleichen würde und zeichnerisch zu spüren wäre.

Das ist also das ganze Geheimnis der astronomischen Navigation. Wenn der Leser genau die vorangegangenen Überlegungen mitgedacht hat, wird er keine Schwierigkeiten haben, auch in der Praxis sofort eine Standlinie zu zeichnen. Zur Erinnerung noch einmal die einzelnen Schritte:

1. Es wird der gegisste Schiffsort festgestellt.

2. Das Gestirn wird gemessen und der Messzeitpunkt auf die Sekunde genau abgelesen.

3. Es wird der Winkel berechnet, der hätte gemessen werden müssen, wenn das Schiff genau auf dem gegissten Schiffsort gewesen wäre.

4. Es wird der Unterschied in Winkelminuten zwischen berechnetem und tatsächlich gemessenem Winkel festgestellt (1 Winkelminute entspricht auf der Erdoberfläche genau 1 Seemeile).

5. Es wird die Richtung zum Bildpunkt berechnet, um auf dieser Geraden dann den Unterschied zwischen gemessenem und errechnetem Winkel vom gegissten Schiffsort zum Gestirn hin oder vom Gestirn weg abtragen zu können.

Keine Schwierigkeit bereitet es, den Unterschied zwischen berechnetem und gemessenem Winkel herauszufinden. Die Berechnung des Winkels »Gestirn – Navigator – Kimm« und des Azimuts (Richtung zum Gestirn oder dessen Bildpunkt) aber ist des Pudels Kern, an dem sich die Navigationsgeister scheiden. Dabei dreht es sich immer und immer wieder um eine einzige Formel, die eigentlich für den Praktiker so uninteressant ist, dass auch ich sie in die Fußnote verbanne.* Denn den Navigator auf See interessieren nur zwei Dinge: der berechnete Höhenwinkel, von dem der tatsächliche Sextantwinkel geringfügig abweicht, und die Richtung zum Gestirn (= Bildpunkt des Gestirns), also das Azimut.

---

* Höhenwinkel = arc sin [sin Declination x sin gegisste Breite + cos Declination x cos gegisste Breite x cos (Grt – gegisste Länge)]

$$Z = \text{arc cos} \left\{ \frac{(\text{sin Declination} - \text{sin gegisste Breite x sin Höhenwinkel})}{(\text{cos Höhenwinkel x cos gegisste Breite})} \right\}$$

Azimut = Z, wenn sin (Grt – gegisste Länge) kleiner als 0.
Azimut = 360° – Z, wenn sin (Grt – gegisste Länge) größer als 0.
Östliche Länge und südliche Breite werden als negative Werte eingegeben.

X. Hilfsmittel zur Berechnung von Höhenwinkel und Azimut

Jetzt sind wir bei den Schlagwörtern angelangt, die fast jedem von uns (einschließlich dem Autor) Angst vor der Astronavigation eingeflößt haben: Semiversusformel, Computerprogramme, Logarithmen usw. Dabei sind die Ängste alle umsonst gewesen. Denn es handelt sich immer um das gleiche Problem, nämlich die Fragen:

- Welchen Winkel müsste ich gemessen haben, wenn ich vom Bildpunkt so weit entfernt wäre wie der gegisste Schiffsort (dann wäre ich nämlich auf der gleichen Standlinie – dem Kreis um den Bildpunkt)?

- Wie groß ist der Unterschied zwischen gemessenem und berechnetem Winkel, um wie viel Seemeilen bin ich also am Bildpunkt näher dran oder weiter entfernt als der gegisste Schiffsort?

- In welcher Richtung (Azimut) liegt der Bildpunkt (bzw. das Gestirn), damit ich senkrecht auf diesem Azimut meine Standlinie zeichnen kann?

Die zweite Frage ist am leichtesten zu beantworten. Hierzu brauche ich nur den berechneten Winkel mit dem gemessenen Winkel (nach Anbringen von Gb) zu vergleichen. Ist der gegisste Schiffsort einigermaßen in der Nähe des wahren Schiffsortes, so werden sich selten Unterschiede von mehr als 30 Minuten (= 30 Seemeilen) ergeben. Dies könnte ich – sollte ich aber nicht – sogar im Kopf ausrechnen.

Anders ist es mit den beiden trigonometrischen Formeln »Höhenwinkel« und »Azimut« – siehe Fußnote auf Seite 43.

Drei Hilfsmittel stehen dem Navigator als Rechenhilfe zur Verfügung:

1. das Semiversusverfahren
2. Berechnung mit einem elektronischen Taschenrechner oder Computer
3. Herauslesen von Azimut und Höhenwinkel aus Nautischen Tafeln, am besten aus den H.O.-249-Tafeln.

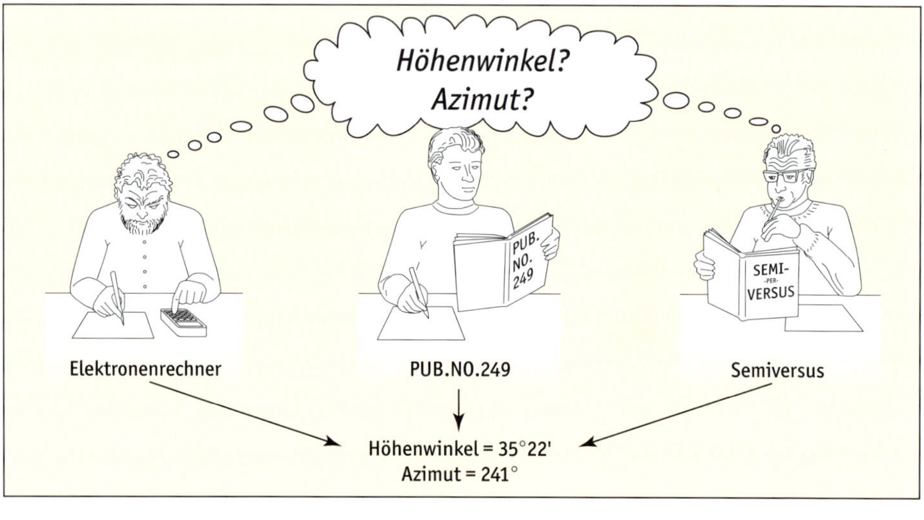

Aber wichtig: Die Unterschiede liegen nicht im Verfahren – navigiert wird immer mit dem Höhenverfahren –, sondern nur in der Wahl der Hilfsmittel zur Berechnung von Höhenwinkel und Azimut.

1. Semiversusverfahren

Endgültig zu den Akten können wir das früher so berüchtigte Semiversusverfahren legen. Hierbei wurden die Formeln der Fußnote auf Seite 43 mithilfe von recht unbequem zu handhabenden Logarithmentafeln berechnet. Bis zu 20 Minuten waren schon nötig, um eine Standlinie auszurechnen, wobei der vorsichtige Nautiker sicher seine Rechnungen ein zweites Mal durchgerechnet hat, denn allzu leicht schlich sich bei den langen Zahlenkolonnen ein Leichtsinnsfehler ein.

2. Elektronische Taschenrechner

Dieses Kapitel soll einen kleinen Überblick über die Anwendung von Elektronenrechnern in der Astronavigation geben. Wer sich nicht für Taschenrechner interessiert, kann schadlos bis zur Seite 51 weiterblättern, um mit den beigelegten Tafelauszügen astronomisch zu navigieren. Denn der Weg – Logarithmentafeln, Rechner oder Höhentafeln – ist in der Astronavigation nicht das Ziel, sondern nur Mittel zum Zweck.

Jeder Taschenrechner, der über die trigonomischen Funktionen (Sinus, Tangens, Cosinus) verfügt, eignet sich zur astronomischen Navigation für alle Formeln. Die Unterschiede bei den verschiedenen Rechnern zeigen sich nur in der Bequemlichkeit beim Rechnen, nicht in der Genauigkeit.

Nachdem aber heute kein großes Vermögen mehr aufgewendet werden muss, um mit den Elektronen zu navigieren, lohnt es sich vielleicht, einen billigen, vielfältig einsetzbaren Rechner anzuschaffen.

Der Taschenrechner muss nur eines haben, nämlich Tasten für Sinus, Kosinus und Tangens. Ohne größere Vorkenntnisse könnte man damit bereits die Höhenformel durchtippen und würde sicher mit viel Geduld auch die richtigen Werte erhalten. Insbesondere braucht der Navigator nicht zu wissen, was ein »Sinus« usw. ist. Die Erkenntnis »Sinus ist eine Taste auf dem Rechner« reicht aus.

Aber: Diese einfachen Taschenrechner haben Nachteile: Für eine Standlinie sind zum Beispiel ca. 150 Tastendrücke nötig. Ich würde da keine Wette eingehen, dass ich immer ohne Tippfehler durchkomme. Zwischenwerte müssen notiert werden.
Ohne gedankliche Arbeit geht es auch nicht, denn diese Taschenrechner verarbeiten meist nur Dezimalbrüche und keine Zeit- und Winkeleinheiten. Manche Rechnungen sind eigentlich zu einfach für den Taschenrechner, man wird der Versuchung nicht widerstehen, so ganz schnell auch etwas im Kopf auszurechnen. Letztlich wird es dann ein »Mischmasch« aus schriftlichen Aufzeichnungen, Kopfrechnungen und Tipperei. Und wenn dann am Ende zum Beispiel »35,3375« dasteht, beginnen im Ernstfall garantiert die nagenden Zweifel. Dann aber ist kein Überfliegen eines geordneten Rechenganges möglich, und man wird sich ein zweites Mal dieser Prozedur unterziehen. Hat man Glück, steht im Anzeigeregister wieder: »35,3375«. Erst bei viel Übung erreicht man damit die Geschwindigkeit und Sicherheit von Nautischen Tafeln. Aber es geht, vor allem wenn der Rechner über mehrere Zahlenspeicher verfügt, mit deren Hilfe Zwischenergebnisse mit einem Tastendruck abgelegt und bei Bedarf wieder aufgerufen werden können. Das erspart die fehlerträchtigen Zwischennotierungen auf Papier.

Trotzdem wird es Skipper geben, die sich einen Rechner »für den Fall der Fälle« an Bord mitgenommen haben und die nun eine Standlinie (und damit nach dem zeichnerischen Auswerten mit einer zweiten zu einem Schiffsort) kommen wollen.
Deshalb ein praktisches Beispiel zum Runtertippen einer Standlinie mit dem Taschenrechner:

Am 12.4.2000 segelt die Yacht PINACOLADA ungefähr auf 40°01' N und 34°47' W. Um 17 h 43 m 01 s UT1 misst der Skipper bei einer Augeshöhe von ca. 2 Meter den Sonnenunterrand mit 34°37'.

Vielen macht es nichts aus, aber eines der Hauptprobleme beim Navigieren mit einem Taschenrechner ist der Umstand, dass in der Seekarte und im Nautischen Jahrbuch mit Grad, Minuten und Zehntelminuten Koordinaten angegeben werden, während der Rechner allenfalls mit Grad, Minuten und Sekunden, meistens aber nur mit Grad und Dezimalgrad rechnet. Es wird also ohne Umrechnungen nicht abgehen. Setzt man also einen Taschenrechner in der Navigation ein, dann wird man sich von vornherein über eine »Rechentaktik« Gedanken machen, um hier ja keinen Fehler zu machen. Diese Falle ist recht hinterhältig, weil hier falsche Ergebnisse häufig nicht derart daneben liegen, dass sie sofort erkannt würden.

Fast immer wird man sich dafür entscheiden, nur mit Dezimalgrad zu rechnen. Man wird also 34°37' vor der eigentlichen Verrechnung in Dezimalgrad umrechnen müssen und, das wird oft übersehen, die Ergebnisse, die der Rechner ja logisch in Dezimalgrad ausspuckt, zurückverwandeln müssen in Grad und Minuten.

Die Umwandlung von Grad, Minuten und Zehntelminuten in Dezimalgrad ist einfach. Und das ist typisch. Denn das Problem in der Navigation ist nicht, dass sie schwierig ist, sondern dass so viele einfache Dinge zu beachten sind. Mein Tipp, wie am leichtesten die Umwandlung erfolgt, also für den Rechner die Koordinaten vorbereitet werden:
Man teile die Minuten und die Zehntelminuten durch 60 und rechne die Grade dazu: 34°37' werden umgewandelt, indem 37 durch 60 berechnet und 34 dazugerechnet wird. Auf dem Taschenrechner sieht dies so aus:

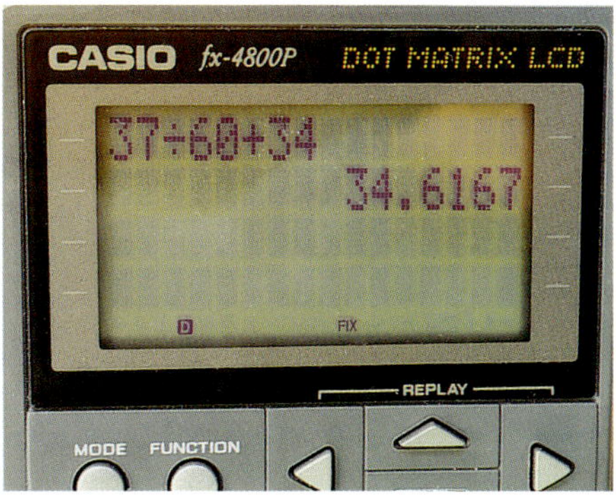

Umwandlung von Grad und Minuten in Dezimalgrad

Die Rückverwandlung von Dezimalgrad in Grade, Minuten und Zehntelminuten würde genau umgekehrt erfolgen: Der »Nachkommaanteil«, also .6167, wird mit 0,6 multipliziert und die ganzen Grade werden dazugerechnet:

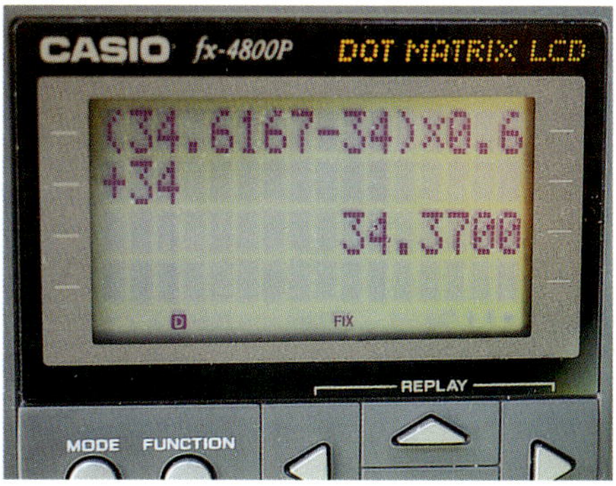

Umwandlung von Dezimalgrad in Grade und Minuten

Diese unvermeidbaren Umrechnungen zeigen deutlich, wie wichtig Speicher zum vorläufigen Ablegen von Zahlen sind. Denn die höchstmögliche Fehlerfreiheit beim Rechnen mit einem Taschenrechner kann nur dann gewährleistet werden, wenn die Anzahl der Tastendrücke und damit die Tippfehlermöglichkeiten so weit wie möglich reduziert werden. Sollen in den Rechner öfters die gleichen Werte eingegeben werden, dann wäre es töricht, zum Beispiel die Breite des Bildpunktes vor jeder Eingabe erneut in Dezimalgrad zu verwandeln. Nein, ist dies einmal geschehen, dann kommt die Declination in einen Speicher (manchmal auch »Register« genannt) und wird bei Gebrauch mit einem Tastendruck jeweils aufgerufen.

Man sollte sich, ganz nach persönlichen Gewohnheiten, hier eine gewisse Taktik zurechtlegen: Zum Berechnen von Höhenwinkel und Azimut sind immer vier Bestandteile notwendig, nämlich Breite und Länge von gegisstem Schiffsort und des Bildpunktes der Sonne (oder eines anderen Gestirns). Eine Taktik, je nach Rechner, kann zum Beispiel sein:

- Breite des gegissten Schiffsortes: Register 1
- Länge des gegissten Schiffsortes: Register 2
- Declination: Register 3
- Greenwichwinkel: Register 4

Erst wenn die Register »gefüllt« sind, kann die eigentliche Rechnung beginnen, die denen recht einfach fällt, denen die Tastenrechnerei liegt. Sind die Werte so vorbereitet, dann ist auch eine Wiederholung (unbedingt notwendig!) zur Kontrolle der Rechnung zügig durchgeführt.

Wir können also mit dem Beispiel beginnen: Zwei notwendige Rechenbestandteile sind schon gegeben, nämlich Breite und Länge des gegissten Schiffsortes. Sie müssen nur noch – wie oben gezeigt – zu 40.0167 Grad Breite und 34.7833 Länge umgewandelt werden und in die Register 1 und 2 abgelegt werden.

Die Bildpunktkoordinaten sind im N.J. zu finden:

Declination:	8°59' N

Grt um 17 UT1:	74°50,4'
Zuwachs für 43m01s:	10°45,3'
	85°35,7'

Die Declination wird mit 8,9833 Grad ins Register 3 und der Grt mit 85,5950 ins Register 4 geschoben.

Wir werden die Formel auf Seite 43 unten nicht rechnen, das wird der Rechner für uns tun. Er muss von uns nur aus den vier Registern »gefüttert« werden:
Was alle von uns in der Grundschule gelernt haben, gilt es immer zu beachten, und dementsprechend müssen dem Rechner die Werte eingegeben werden:

- Multiplikationen und Divisionen gehen Additionen und Subtraktionen vor – »Punkt geht vor Strich«.

- Der Klammerinhalt muss immer zuerst berechnet werden.

Als erstes also*
SIN Deklination X SIN gegisste Breite

Dann: COS Deklination X COS gegisste Breite X COS (Grt – gegisste Länge)

Dann: Beide Ergebnisse werden zusammengerechnet. Der ARCUSSINUS (Umkehrfunktion vom SINUS) daraus ergibt dann den Höhenwinkel, und zwar in Dezimalgrad: 35,3375 Grad, was einem – berechneten – Höhenwinkel von 35°20,2' entspricht. Durch Vergleich mit dem gemessenen Winkel – 34°47' + 12' Gb – kann dann leicht der Unterschied berechnet werden, also die Distanz, die der Skipper von der Sonne weiter weg als angenommen ist. Hier beträgt der Unterschied 21 Seemeilen »weg«!

Eines gilt es noch zu beachten: Ostlängen und Südbreiten werden als negative Werte verrechnet, was uns jetzt nicht berührt, weil die Aufgabe auf Westlänge und Nordbreite spielt.

Bei der Azimutberechnung muss eine kleine Zusatzberichtigung angebracht werden: Wenn SIN (Grt – Länge) größer als 0 ist, dann muss das zweite Ergebnis noch von 360 Grad abgezogen werden, um die endgültige Richtung zum Gestirn zu erhalten.

*Viele Taschenrechner können mehrere »Grade« verarbeiten. Man achte darauf, dass der Rechner auf »Altgrad«, meist mit »DEG« gekennzeichnet, eingestellt ist.

Praktischer für die Astronavigation sind Rechner mit einer Taste, um polare in rechtwinklige Koordinaten und umgekehrt zu verwandeln.

Allerdings auch nur dann, wenn man sich an das geniale Tastenschema von Fritz Mietsch hält, dem es bestens gelungen ist, die Höhenformel von Seite 43 unten rechnergerecht umzustellen. Mit seiner Tastenfolge lässt sich die Anzahl der Rechenschritte derart drastisch verringern, dass damit der Einsatz relativ preiswerter Rechner an Bord durchaus zu vertreten ist. Man überlege sich nun nicht lange, was die Umwandlung von rechtwinkligen in polare Koordinaten im Einzelnen bedeutet, das würde die ganze Sache nur unnütz verkomplizieren. Je nach Rechnerfabrikat hat diese Taste übrigens eine unterschiedliche Bezeichnung. Im Folgenden wird die Umwandlung von polaren in rechtwinklige Koordination mit »REC« und der umgekehrte Vorgang mit »POL« bezeichnet. Auch die »Aufladung« der Rechner mit den Anfangsdaten ist je nach Hersteller verschieden, deshalb wird die Eingabe beispielhaft für die Rechnertypen von Hewlett-Packard (HP) erklärt: Die gegisste Schiffsbreite kommt bei HP in das t-Register. Anschließend wird zum Greenwichwinkel die gegisste Schiffslänge hinzugezählt, wenn das Schiff auf östlicher Länge segelt, abgezogen, wenn der Schiffsort westlich ist. Das jeweilige Ergebnis wird dann noch mit einem negativen Vorzeichen versehen und kommt bei HP in das z-Register. Die Declination wird bei HP in das y-Register eingegeben. Schließlich wird bei HP das x-Register mit einer »1« belegt. In weniger als 1 Minute können dann folgende Tasten gedrückt werden:

Bei HP-Rechner:

REC
x⇆y
↓R
REC
↑R
POL
x⇆y
↑R
+
x⇆y
REC
x⇆y
↓R
POL
R
x⇆y
POL

Kaum glaublich, aber damit ist sowohl Azimut als auch der Höhenwinkel fertig gerechnet. Bei HP ist er im y-Register. Das Azimut ist im z-Register. (Eine Schiffsbreite von 40°N, ein Greenwichwinkel von 30°, eine Schiffslänge von 10°W und eine Declination von 23°N ergeben beispielsweise einen Höhenwinkel von 66,03° und ein Azimut von 230,8°.) Ist das Azimut negativ, muss es noch von 360° abgezogen werden.

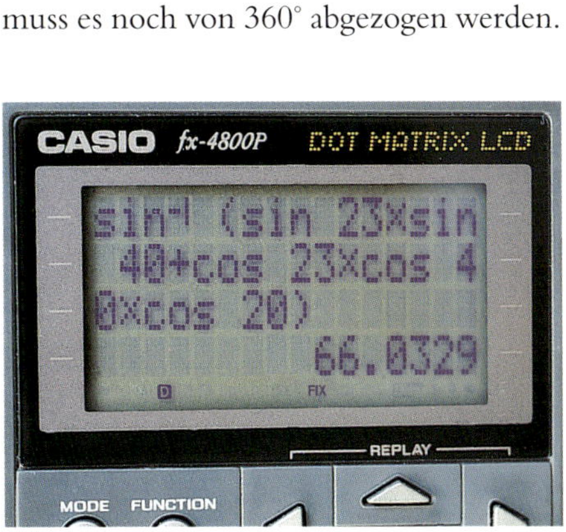

So wird vorangegangenes Beispiel in einen Schulrechner mit vierzeiliger Anzeige in einem Zug eingetippt und das Ergebnis – Höhenwinkel von 66.03 Dezimalgrad – sofort angezeigt. Einfach!

Das Ganze geht einfach und schnell, aber bitte aufpassen, dass das richtige Format eingegeben wurde. Der Rechner verarbeitet direkt nur ganze Grade und deren Dezimalanteil, also keine Minuten und Sekunden. Südliche Breiten und Declinationen werden negativ eingetippt.

Wirklich gut eignen sich jene Rechner, bei denen der Navigator die vorangegangene Tastenfolge einprogrammieren kann. Das geschieht durch einmaliges Eintippen der Rechenschritte, worauf der »Computer« in der Lage ist, diese Schritte auf einen einzigen Tastendruck abzuarbeiten, was sich beliebig oft wiederholen lässt. Heute haben die Rechner ein dauerhaftes »Gedächtnis«, das heißt, der Computer merkt sich das Programm nach dem Ausschalten noch, wenn nicht durch gleichzeitiges Entfernen aller(!) Batterien nach einiger Zeit das »Gedächtnis« der Maschine gelöscht wird. Je nach Anzahl der Programmschritte, die der Rechner aufnehmen kann, kostet so ein Spielzeug nicht mal 50 Euro. Die meisten dieser Geräte arbeiten mit der Programmsprache BASIC.

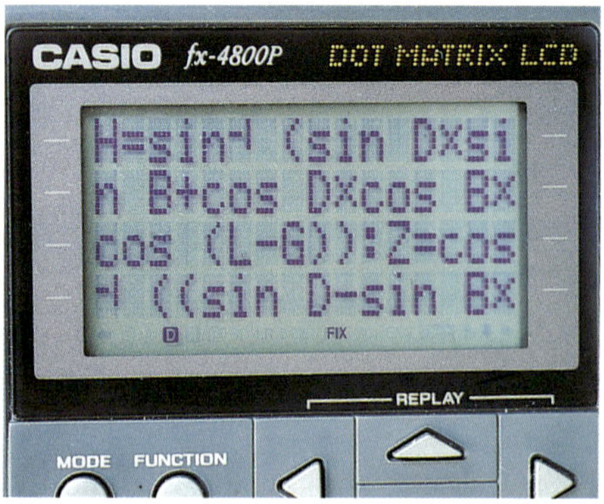

Dieser Schulrechner kann sich, wenn einmal eingetippt, die gesamte Höhenformel »merken«, die dann immer wieder mit anderen Eingaben benutzt werden kann.

Es gibt so zahlreiche Versionen der Programmiersprache BASIC, dass es unmöglich ist, hier auf jeden Dialekt einzugehen. Sie sind sich aber so ähnlich, dass sich mit der nachfolgenden Schrittfolge jeder Rechner leicht programmieren lässt. Lediglich die Bezeichnungen für die Winkelfunktionen differieren. Die Umkehrfunktion des SINUS heißt bei manchen Fabrikaten »SIN –1«, bei anderen wieder »ARCUSSINUS« und so fort.

Auf eines gilt es bei manchen BASIC-Dialekten zu achten: Einige arbeiten in RADIAN, was bei den Winkelfunktionen Sinus, Cosinus und so fort per Umrechnung berücksichtigt werden muss. Die üblichen Taschencomputer »vertragen« ohne Änderungen aber die angegebene Tastenfolge. Mit Beispiel ausprobieren und Ergebnisse vergleichen!

```
INPUT »Länge«; laenge

INPUT »Declination«; declination

INPUT »Grt«; grt

hc = ARCUSSINUS(SIN(declination) * SIN(breite) + COS(declination) * COS(breite) * COS(grt – laenge))

azimut = ARCUSCOSINUS((SIN(declination) – SIN(breite) * SIN(hc)) / (COS(hc) * COS(breite)))

IF SIN(grt – laenge) > 0 THEN azimut = 360 – azimut

PRINT »Hc:«; hc

PRINT »Azimut:«; azimut
```

Der Computer fragt hier der Reihe nach den Eingaben (die dezimal eingetippt werden müssen!) und zeigt wenige Sekunden später gleich Azimut und Höhenwinkel an. Dieses Beispiel zeigt, welch herrliche Spielzeuge die »Vollprogrammierbaren« sind – und trotzdem: Auf einem Langtörn wird immer am meisten Verlass sein auf einfache Tafelwerke wie zum Beispiel die PUB.NO.249.*

Es ist nicht so, dass vom Autor elektronische Taschenrechner abgelehnt werden. Es gibt ja kaum einen Kartentisch ohne Elektronenrechner. Aber eine gesunde Skepsis vor den ausgespuckten Ergebnissen sollte immer bestehen bleiben.

3. Höhentafeln

Mit Nautischen Tafeln, besonders mit den beliebten dreibändigen PUB.NO.249, lässt sich eine Standlinie in 5 Minuten ausrechnen und mit einem Blick die Richtigkeit der Rechnung überfliegen. Die Genauigkeit ist sogar für die Großschifffahrt ausreichend; deshalb ist es müßig, sich hierbei um die 10tel Meilen zu streiten. Und Astronavigation mit Sternen geht in der Praxis am besten mit den Tafeln PUB.NO.249. Im Übrigen bedeutet es ein ganz anderes Erfolgserlebnis, eine Standlinie mit eigener Intelligenz sowie Tafeln und Bleistift erarbeitet zu haben als durch Tastendrückerei auf einem Computer. Auch das ist für viele romantisch eingestellte Seefahrer ein starkes Argument für die Tafeln!

* Die 6-bändigen PUB.NO.229 sind etwas genauer als die 3-bändigen PUB.NO.249. Das Prinzip ist in beiden Fällen gleich. Die PUB.NO.229 haben aber keinen Band, der dem Band 1 »Selected Stars« der PUB.NO.249 entspricht. Die veralteten PUB.NO.214 werden nicht mehr gedruckt.

XI. Die PUB.NO.249-Tafeln*

Sie (hier sind zunächst gemeint Band II und Band III) haben keine weitere Funktion, als uns zu sagen,

- wie groß der Winkel im Sextanten zwischen Kimm und Gestirn für einen bestimmten Ort und einer bestimmten Bildpunktposition und
- wie die Richtung (Azimut) zu diesem Bildpunkt (Gestirn) ist.

Wenn wir also in der Praxis nach getaner Arbeit die Tafel zuschlagen, so werden wir uns nur drei Werte notiert haben:

1. den Ort, für den der Höhenwinkel errechnet ist,
2. den Höhenwinkel selbst in Grad und Minuten,
3. die Richtung zum Bildpunkt (Azimut).

Aus dem Unterschied zwischen gemessenem und berechnetem Winkel ergibt sich dann die Meilenzahl, um wie viel die senkrecht auf dem Azimut stehende Standlinie entweder vom Gestirn weiter weg oder näher zum Gestirn hin als vom Rechenort gezeichnet wird.
Geht man von den bisherigen Überlegungen aus, leuchtet es ein, dass errechneter Winkel und Azimut nur dann aus den Tafeln herausgelesen werden können, wenn mit folgendem Wert in die Tafel eingegangen wird:

* Die PUB.NO.249 sind inhaltlich identisch mit den englischen Tafeln AP 3270.
Man kann die gesamten drei Bände der PUB.NO.249 aus dem Internet herunterladen und sie ausdrucken, auch teilweise:
http://164.214.12.145/pubs/pubs_j_srta_list.html
Link: Sight Reduction Tables for Air Navigation Vol 1–6

Breite des Bildpunktes
(Declination)
Länge des Bildpunktes
(Greenwichwinkel)
Breite der Schiffsposition
Länge der Schiffsposition

Wer daraufhin nun in der PUB.NO.249 (siehe Anlagen 1, 2) blättert, wird etwas enttäuscht sein, denn lediglich die Declination und die Schiffsbreite sind Überschriften, die mit obigen 4 Eingängen ohne weitere Überlegungen zu vereinbaren sind. Es ergeben sich jedoch nur scheinbar Schwierigkeiten. Zunächst findet sich als Tafeleingang weder die Schiffslänge noch der Greenwichwinkel, dafür aber »LHA« (Local Hour Angle). Tatsächlich ist der LHA nichts anderes als der zusammengefasste Greenwichwinkel und die Länge des Schiffsortes:

Der LHA ist der Längenunterschied vom Schiffsort zum Bildpunkt nach Westen gesehen.

Die PUB.NO.249 wurden nämlich im 2. Weltkrieg entwickelt, um möglichst schnell und einfach in Langstreckenbombern astronomische Standlinien zu erhalten. Natürlich versuchte man das Prinzip soweit zu vereinfachen wie nur irgendwie möglich, sodass wir uns trösten können, dass die paar Überlegungen, die wir noch vor uns haben, lediglich der Vereinfachung dienen.
Erfahrungsgemäß werden in der astronomischen Navigation die meisten Leichtsinnsfehler beim Ausrechnen des LHA gemacht. Deshalb wird hier dringend geraten, auch später in der Praxis bei jeder Standlinie (und kommt man sich noch so geübt vor) eine einfache Handskizze mit Blick auf den Nordpol zu machen. Der Grund für die oftmaligen Fehlrechnungen liegt in dem schon zu Beginn erwähnten Unterschied in der Bezeichnung der Länge des Bildpunktes und der Länge des Schiffsortes. Zur Erinnerung:

Die Schiffslänge wird in Längengraden von Greenwich (0 Grad) aus nach Westen bis 179°W und 180° sowie nach Osten bis 179°E gezählt, während beim Greenwichwinkel die Längengrade nach Westen ganz um die Erde bis 360° laufen.

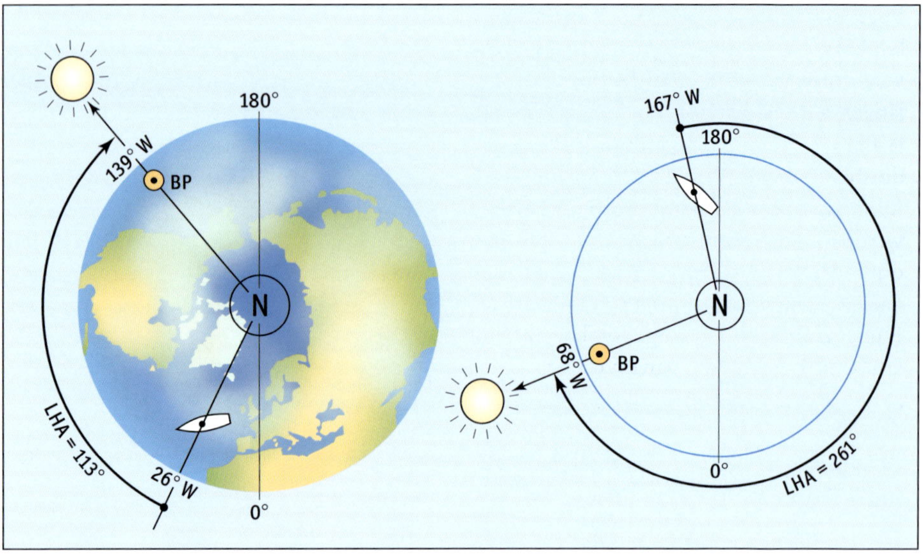

Befänden wir uns auf 10°E und wäre zufällig der Bildpunkt genau auf unserer Länge, dann wäre der Greenwichwinkel dementsprechend 350° (ohne Bezeichnung Ost oder West! – siehe auch Seite 21).
Man kann sich durchaus bei jeder Rechnung diese Zusammenhänge im Einzelnen nochmals durch den Kopf gehen lassen, oder man benutzt ganz einfach folgende Gleichung:

Schiffsposition Ostlänge:
LHA = Greenwichwinkel + Ostlänge

Schiffsposition auf Westlänge:
LHA = Greenwichwinkel – Westlänge

Unter Umständen ist es sogar ratsam, im »Ernstfall« diese Rechnung ganz mechanisch durchzuführen, denn ein von Seekrankheit gequältes Gehirn ist vielleicht noch zum Abschreiben dieser Primitivregeln, nicht aber zu tieferen Überlegungen mehr fähig. Überflüssig zu erwähnen, dass der LHA natürlich kein Vorzeichen oder gar eine West- oder Ost-Bezeichnung erhält. Ergeben sich bei der Berechnung des LHA bei Schiffsostlängen Beträge über 360°, so werden 360° abgezogen. Bei Schiffswestlängen kann es vorkommen, dass 360° »zu leihen«, genommen werden müssen, um die Berechnung ohne Minuswerte durchführen zu können. Letzterer Fall, das sollten wir uns nur zur gedanklichen Übung durchdenken, kommt bei der Sonne z. B. dann vor, wenn sie uns bei ihrem täglichen Rundlauf noch nicht eingeholt hat, also nur am Vormittag. Denn, ganz wichtig:

Der LHA zählt nur von der Schiffslänge nach Westen!

Am 13.4.2000 um 18 h 42 m 14 s UT1 befinden wir uns auf 39°59' N und 58°53' W. Wie groß ist der LHA? Beim Rechnen immer eine Handskizze zu Hilfe nehmen.

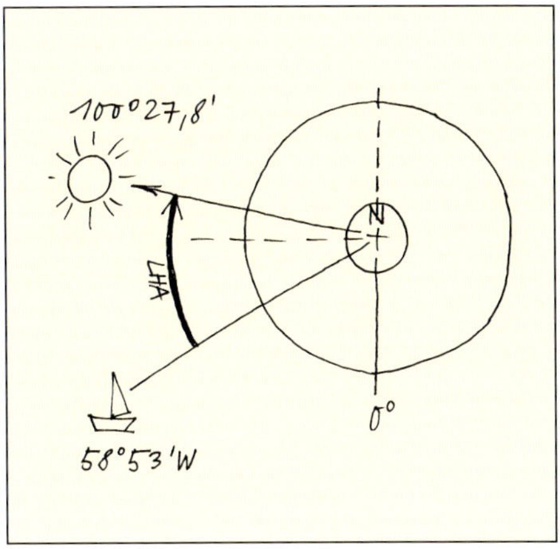

Grt	89°54,3'
Zuwachs	+ 10°33,5'
	100°27,8'
Schiffslänge	– 58°53' W
LHA	= 41°34,8'

Die Schiffslänge am 12.4.2000 um 16 h 45 m 12 s UT1 beträgt 12°02' E. Wie groß ist der LHA?

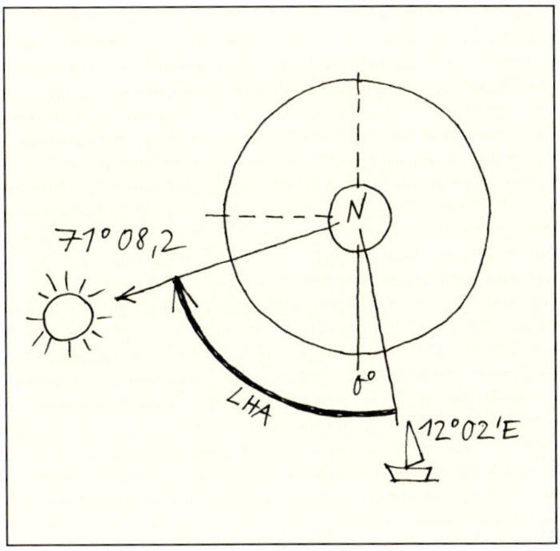

Grt	59°50,2'
Zuwachs	+ 11°18,0'
	71°08,2'
Schiffslänge	+ 12°02'
	83°10,2'

Am 23.8.2000 beträgt die Schiffslänge um 14 h 14 m 42 s UT1 169°53' W. Wie groß ist der LHA?

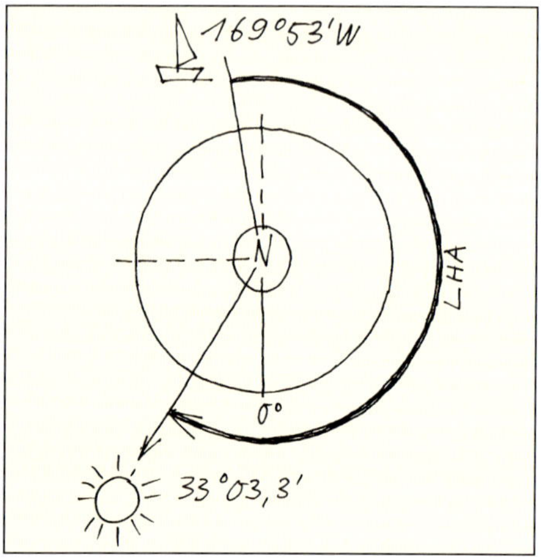

Grt	29°22,8'
Zuwachs	+ 3°40,5'
	33°03,3'
	+ 360°
	393°03,3'
Schiffslänge	– 169°53' W
LHA	= 223°10,3'

Am 12.4.2000 beträgt die Schiffslänge 137°41'E um 03 h 16 m 21 s UT1. LHA?

Grt	224°48,1'
Zuwachs	+ 4°05,3'
	228°53,4'
Schiffslänge	+ 137°41'
	366°34,4'
	– 360°00,0'
LHA	= 6°34,4'

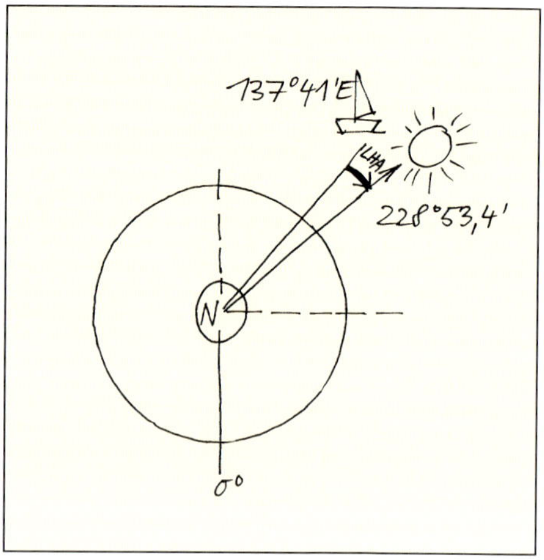

Auf keinen Fall sollte der Leser weitergehen, bevor er nicht hundertprozentig die folgenden Aufgaben fehlerfrei lösen kann. Nur wenn er alle acht Beispiele ohne Fehler gerechnet hat, hat es einen Sinn, weiterzumachen. Deshalb mein Rat: Alle Aufgaben durchrechnen und erst dann mit den Lösungen vergleichen.

Wahrschau Vorzeichenfehler! Deshalb Vorzeichen besonders deutlich schreiben!

Ist auch nur ein einziger LHA falsch berechnet, unbedingt nochmals rechnen!

Und nicht vergessen:

Der LHA zählt von der Schiffslänge nach Westen!

Die Handskizze mit Blick auf den Pol – wie Seite 53 – erleichtert die Lösung der Aufgabe wesentlich! Der LHA ist deshalb so wichtig, weil er ein Eingang in die PUB.NO.249 ist. Also: Ohne LHA keine Astronavigation – weder mit Semiversus noch mit Tafeln!

a) gegisste Schiffslänge am
12.4.2000 um 17 h 16 m 22 s UT1
13°59' W. LHA?

b) gegisste Schiffslänge am
12.4.2000 um 02 h 44 m 13 s UT1
110°58' W. LHA?

c) gegisste Schiffslänge am
13.4.2000 um 09 h 45 m 43 s UT1
9°59' E. LHA?

d) gegisste Schiffslänge am
23.8.2000 um 22 h 42 m 34 s UT1
121°02' W. LHA?

e) gegisste Schiffslänge am
22.8.2000 um 08 h 16 m 16 s UT1
93°55' E. LHA?

f) gegisste Schiffslänge am
23.8.2000 um 23 h 17 m 43 s UT1
159°48' E. LHA?

g) gegisste Schiffslänge am
13.4.2000 um 01 h 43 m 29 s UT1
178°58' W. LHA?

h) gegisste Schiffslänge am
12.4.2000 um 22 h 42 m 32 s UT1
175°04' E. LHA?

XII. Jetzt geht's in die Tafel

Um Breite und Länge des Bildpunktes und daraus den Ortsstundenwinkel (LHA) zu ermitteln, haben wir das Nautische Jahrbuch gebraucht. Nun geht es mit diesen Werten in die PUB.NO.249. Wir brauchen für die Astronavigation zusätzlich zur PUB.NO.249 immer das Nautische Jahrbuch.

Gleich rechnen wir die erste Standlinie aus. Nur eines muss noch bedacht werden. Natürlich ist es nicht möglich, mit einem x-beliebigen gegissten Schiffsort in die PUB.NO.249 einzugehen, denn diese schmalen Bände können nicht für alle Orte auf der Erdoberfläche berechnet sein. Das macht aber weiter nichts aus, denn unser gegisster (geschätzter) Schiffsort ist ja ohnehin mit einiger Wahrscheinlichkeit nicht genau der Ort, auf dem wir uns befinden. Der PUB.NO.249 ist zwar für eine außerordentlich hohe Anzahl von ganz bestimmten Schiffsorten vorausberechnet, unter denen sich aber kaum unser gegisster Schiffsort befindet. Unsere letzte Aufgabe muss also sein, einen Rechenort zu finden, für den die PUB.NO.249 Höhenwinkel und Azimut ausgerechnet hat und der sich so nahe wie möglich beim gegissten Schiffsort befindet.

In der PUB.NO.249 sind Höhenwinkel und Azimut für Rechenorte berechnet, die

auf einer ganzgradigen Breite liegen

und

mit dem Greenwichwinkel einen ganzgradigen LHA bilden.

Sowohl Schiffsbreite als auch Schiffslänge müssen also etwas »manipuliert« werden, damit sie sich für die PUB.NO.249 eignen. Das beeinflusst nicht die Genauigkeit der Methode, denn der gegisste (also geschätzte) Schiffsort liegt ja sowieso meistens neben dem wahren Schiffsort. Die Kunst besteht lediglich darin, dass wir den nächsten Rechenort finden. Bei der Breite ist dies sehr einfach. Die Rechenortbreite muss ja nur ganzgradig sein. Wir brauchen dazu unsere gegisste Schiffsbreite nur auf- oder abzurunden, je nachdem, wo wir zu sein glauben. Schätzen wir zum Beispiel unsere Breite mit 40°31' N, so ist die Rechenbreite für die PUB.NO.249 eben 41°N. Glauben wir dagegen, auf 40°29' N zu sein, so runden wir ab auf 40°N. Dies ist so einfach, dass wir das nicht lange üben müssen.

Ergebnisse von Seite 54:

a)

Grt	74°50,4'
Zuwachs	+ 4°05,5'
	78°55,9'
Schiffslänge	– 13°59' W
LHA	= 64°56,9'

b)

Grt	209°48,0'
Zuwachs	+ 11°03,3'
	220°51,3'
Schiffslänge	– 110°58' W
LHA	= 109°53,3'

c)

Grt	314°52,9'
Zuwachs	+ 11°25,8'
	326°18,7'
Schiffslänge	+ 9°59' E
LHA	= 336°17,7'

d)

Grt	149°24,2'
Zuwachs	+ 10°38,5'
	160°02,7'
Schiffslänge	– 121°02' W
LHA	= 39°00,7'

e)

Grt	299°18,0'
Zuwachs	+ 4°04,0'
	303°22,0'
Schiffslänge	+ 93°55' E
LHA	= 397°17,0'
	– 360°
LHA	= 37°17,0'

f)

Grt	164°24,3'
Zuwachs	+ 4°25,8'
	168°50,1'
Schiffslänge	+ 159°48' E
LHA	= 328°38,1'

g)

Grt	194°51,7'
Zuwachs	+ 10°52,3'
	205°44,0'
Schiffslänge	– 178°58' W
LHA	= 26°46,0'

h)

Grt	149°51,2'
Zuwachs	+ 10°38,0'
	160°29,2'
Schiffslänge	+ 175°04' E
LHA	= 335°33,2'

Etwas anderes ist es mit dem LHA, und ich weise hier gleich darauf hin, dass der Anfänger damit meist die größten Schwierigkeiten hat. Deshalb aufgepasst:

Der LHA muss ebenso wie die Breite ganzgradig sein, um damit in die PUB.NO.249 eingehen zu können. Der Leser mag sich nun fragen, wo hier die Schwierigkeiten liegen, denn es ist ja nichts dabei, zum Beispiel die 8 LHA, die wir auf Seite 55 ausgerechnet haben, auf- oder abzurunden. Damit hat der Leser Recht, das ist tatsächlich eine Frage von Sekunden – ohne große Rechnereien. Die vermeintlichen Schwierigkeiten kommen auch erst am Schluss, wenn die Standlinie gezeichnet wird. Deshalb noch einmal zurückdenken:
Eine astronomische Standlinie ist nichts anderes als ein Kreis (Standlinie) um den Bildpunkt.
In der Praxis lässt sich aber das Prinzip des Höhenwinkels beim Leuchtturm nicht ohne weiteres in der Seekarte verwenden. Zwar kann die Entfernung Bildpunkt – Beobachter problemlos berechnet werden, doch sind Bildpunkt und Beobachter meistens so weit auseinander, dass beide Orte nicht auf einer Karte liegen, sodass die Standlinie gar nicht gezeichnet werden kann.
Beim Höhenverfahren hilft man sich deshalb mit einem Trick: Man berechnet den Winkel, den man messen müsste, wäre das Schiff auf dem gegissten Schiffsort, und vergleicht anschließend den so berechneten Winkel mit dem tatsächlich gemessenen Winkel (nach Anbringung von Gb).
Der Unterschied zwischen beiden Winkeln in Minuten ergibt die Meilenzahl, um die das Schiff näher am Bildpunkt dran oder weiter vom Bildpunkt weg ist.
Der Unterschied muss dann auf dem Azimut vom Bildpunkt weg oder zum Bildpunkt hin vom gegissten Schiffsort aus abgetragen werden.
Den berechneten Winkel und Azimut (Richtung zum Gestirn) entnehmen wir aus der PUB.NO.249.
Die PUB.NO.249 ist nur für ganz bestimmte Orte berechnet, nämlich die Rechenorte. Nachdem unser gegisster Schiffsort ohnehin nicht stimmt, können wir ohne weiteres einen nahegelegenen Rechenort verwenden.
Der Rechenort muss folgende zwei Voraussetzungen erfüllen:

a) Die Breite muss ganzgradig sein.
b) Die Länge muss mit dem Greenwichwinkel zusammen einen ganzgradigen LHA ergeben.

Das Problem liegt also darin:
Es reicht nicht aus, den LHA einfach auf- oder abzurunden, sondern wir müssen auch die genaue Rechenortlänge wissen, die zu dem ganzgradigen LHA geführt hat.

Denn:
Der Unterschied zwischen berechnetem und gemessenem Winkel muss am Schluss in der Seekarte vom Rechenort zum Gestirn hin oder vom Gestirn weg abgetragen werden. Die Ergebnisse der PUB.NO.249 beziehen sich ja ausschließlich auf den Rechenort. Der gegisste Schiffsort hat nur eine einzige Aufgabe:

Er muss den Navigator zum nächstgelegenen Rechenort führen.

Ist der Rechenort mit der nächstgelegenen ganzgradigen Breite, dessen Länge mit dem Greenwichwinkel (Länge des Bildpunktes) den nächsten ganzgradigen LHA bildet, gefunden, so kann der gegisste Schiffsort ruhig vergessen werden.

Der Tafeleingang »LHA« wird also in drei Schritten gefunden:

1. Der LHA wird aus Greenwichwinkel und gegisster Schiffslänge genau ausgerechnet (Seiten 53 ff.).
2. Dieser LHA wird zum nächsten ganzgradigen LHA auf- oder abgerundet.

Noch ist aber nicht die Rechenortlänge bekannt, die mit dem (vom Messzeitpunkt genau festgelegten) Greenwichwinkel den ganzgradigen LHA bildet.

3. Bei Ost-Schiffslänge wird vom ganzgradigen LHA die Bildpunktlänge abgezogen, um die genaue Rechenortlänge zu erhalten.
   Bei West-Schiffslänge wird von der Bildpunktlänge der ganzgradige LHA abgezogen, um die genaue Rechenortlänge zu erhalten.

Der dritte Schritt hat also nur die Aufgabe, die Rechenortlänge zu finden, die den ganzgradigen LHA gebildet hat.

Also beispielsweise: geschätzte Schiffslänge am 12.4.2000 um 15 h 16 m 12 s UT1 ca. 9°37'E.

Grt	44°50,1'
Zuwachs	4°03,0'
	48°53,1'
Schiffslänge (Ost)	+ 9°37,0'
LHA	= 58°30,1'

Der nächste ganzgradige LHA ist 59° – nicht etwa 58°, weil Letzterer ja mehr als 30', nämlich 30,1' von 58°31,1' »entfernt« ist. Welche Rechenortlänge bildet aber nun den LHA von 59°? Hierzu »holen« wir die Bildpunktlänge aus dem LHA einfach wieder heraus (siehe oben Nr. 3)!

	59°00,0'
	– 48°53,1'
Rechenortlänge:	10°06,9' E

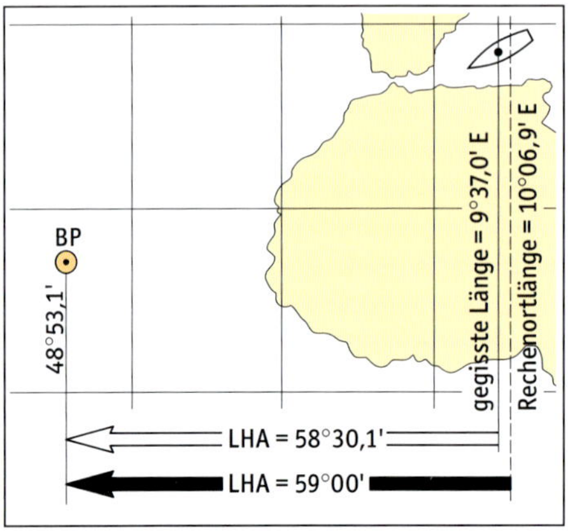

Oder: geschätzte Schiffslänge am 23.8.2000 um 16 h 44 m 16 s UT1 ca. 108°51' W.

	59°23,2'
	11°04,0'
	70°27,2'
	+ 360°00,0'
	430°27,2'
	– 108°51,0'
LHA	= 321°36,2'

Nächster ganzgradiger LHA: 322°

Bildpunktlänge	70°27,2'
	+ 360°00,0'
	430°27,2'
ganzgradiger LHA	– 322°00,0'
Rechenortlänge	108°27,2' W

Dem Anfänger ist anzuraten, zunächst die genaue Rechenortlänge wie unter 1 bis 3 geschildert zu ermitteln. In der Praxis gibt es Tricks, um diese Rechnung zu vereinfachen; wir kommen nach unserer ersten Standlinie darauf zurück.

Bitte rechnen! Gefragt sind jeweils der nächste ganzgradige LHA und die Rechenortlänge.

a) Am 12.4.2000 um 17 h 42 m 44 s UT1 beträgt die gegisste Schiffslänge ca. 64°59' W.

b) Am 22.8.2000 um 22 h 43 m 54 s UT1 ist das Schiff auf ca. 139°31' E.

c) 22.8.2000 um 19 h 17 m 32 s UT1 wird die Schiffslänge mit ca. 160°13' W gegisst.

d) 12.4.2000 um 22 h 15 m 39 s UT1 ist das Schiff ungefähr auf 177°48' E.

XIII. Ergebnis aus den Tafeln: Azimut und Höhenwinkel

Zwei Dinge sind zuvor zu klären: Die Tafeln (Anlagen 1 und 2) sind nicht mit 40°N- oder S-Breite oder mit N- oder S-Declination überschrieben. Stattdessen finden wir »Declination Same Name As Latitude«, was nichts anderes bedeutet, als dass diese Seite dann in Frage kommt, wenn Breite und Declination gleiche Himmelsrichtung (»Same« = gleich) haben, also beide entweder nördlich oder südlich sind. Haben sie eine entgegengesetzte Himmelsrichtung, also zum Beispiel Declination 15°S und Breite des Schiffsortes 40°N, so wird man in die 40°-Seite mit »Contrary« (= entgegengesetzt) eingehen.

Übrigens nicht vergessen:

> LHA rechnet immer vom Schiff nach Westen zur Bildpunktlänge.
> LHA und Rechenortbreite müssen für die PUB.NO.249 ganzgradig sein.

Deshalb wurden bei den Übungen nebenan auch die ganzgradigen LHA (und die genaue Rechenortlänge) wie folgt berechnet:

a)	Grt	74°50,4'
	Zuwachs	+10°41,0'
		85°31,4'
		−64°59' W
	LHA	=20°32,4'
	Nächster	
	ganzgradiger LHA	=21°00'
	Bildpunktlänge	85°31,4'
	ganzgradiger LHA	−21°00,0'
	Rechenortlänge	64°31,4'

b)	Grt	149°20,2'
	Zuwachs	+ 10°58,5'
		160°18,7'
		+139°31,0' E
	LHA	=299°49,7'
	Nächster	
	ganzgradiger LHA	=300°00'
	Bildpunktlänge	−160°18,7'
	Rechenortlänge	139°41,3'

c)	Grt	104°19,7'
	Zuwachs	+ 4°23,0'
		108°42,7'
		+360°
		468°42,7'
		−160°13' W
	LHA=	308°29,7'
	Nächster	
	ganzgradiger LHA	=308°00'
	Bildpunktlänge	468°42,7'
	ganzgradiger LHA	−308°00,0'
	Rechenortlänge	160°42,7'

d)	Grt	149°51,2'
	Zuwachs	+ 3°54,8'
		153°46,0'
		+ 177°48'
	LHA	=331°34,0'
	Nächster	
	ganzgradiger LHA	=332°00'
	ganzgradiger LHA	332°00'
	Bildpunktlänge	−153°46,0'
	Rechenortlänge	178°14,0'

Und nun die letzten Unklarheiten: Wie wir gesehen haben, benötigt man zum Zeichnen einer Standlinie den errechneten Winkel (in den Tafeln bezeichnet mit Hc = height computed) und das Azimut. Ein Blick in die Tafel zeigt uns aber, dass dort als Ergebnis drei Zahlen stehen, nämlich:

»Hc« sowie
»Z«, eine Zahl, die uns dann zum Azimut führt, und
»d« (difference).

Dieses »d« zeigt lediglich eine Verbesserung an, die wir deshalb bei Hc noch vornehmen müssen, weil wir in die Tafel nicht mit der minutengenauen Declination eingegangen sind, sondern lediglich volle Grade benutzt haben.
Um Missverständnisse hier auszuschalten, sei ausdrücklich darauf hingewiesen, dass die Benutzung des Einganges für die Declination nur deshalb zunächst ganzgradig erfolgt, weil später mithilfe von »d« die Declination um ihre Minuten verbessert wird. Dies hat nichts mit den Auf- oder Abrundungen der Rechenortbreite oder des LHA zu tun.

N. Lat. {LHA greater than 180°....... Zn=Z / LHA less than 180°..........Zn=360−Z} DECLI

LHA	15°			16°			17°			18°			19°			
	Hc	d	Z	Hc	d	Z	Hc	d	Z	Hc	d	Z	Hc	d	Z	H
	° ′	′	°	° ′	′	°	° ′	′	°	° ′	′	°	° ′	′	°	°
0	64 00	+60	180	65 00	+60	180	66 00	+60	180	67 00	[illegible]	[illegible]	68 00	+60	180	69
1	63 59	60	178	64 59	60	178	65 59	60	178	66 59	60	178	67 59	60	178	68
2	63 57	59	176	64 56	60	176	65 56	60	175	66 56	60	175	67 56	60	175	68
3	63 52	60	173	64 52	60	173	65 52	59	173	66 51	60	173	67 51	60	173	68
4	63 46	60	171	64 46	59	171	65 45	60	171	66 45	59	170	67 44	60	170	68
5	63 38	+60	169	64 38	+59	169	65 37	+59	168	66 36	+59	168	67 35	+59	168	68
6	63 29	59	167	64 28	59	167	65 27	59	166	66 26	59	166	67 25	58	165	68
7	63 18	59	165	64 17	58	164	65 15	59	164	66 14	58	163	67 12	58	163	68
8	63 05	59	163	64 04	58	162	65 02	58	162	66 00	58	161	66 58	57	160	67
9	62 51	58	161	63 49	58	160	64 47	57	159	65 44	58	159	66 42	57	158	67
10	62 35	+58	159	63 33	+57	158	64 30	+57	157	65 27	+57	157	66 24	+56	156	67
11	62 18	57	157	63 15	57	156	64 12	56	155	65 08	57	154	66 05	55	154	67
12	61 59	57	155	62 56	56	154	63 52	56	153	64 43	56	152	65 44	55	151	66
13	61 39	56	153	62 35	56	152	63 31	55	151	64 26	55	150	65 21	55	149	66
14	61 18	55	151	62 13	55	150	63 08	55	149	64 03	54	148	64 57	54	147	65
15	60 55	+55	149	61 50	+55	148	62 45	+54	147	63 39	+53	146	64 32	+54	145	65
16	60 31	55	147	61 26	53	146	62 19	54	145	63 13	53	144	64 06	52	143	64
17	60 06	54	146	61 00	53	145	61 53	53	144	62 46	52	143	63 38	52	142	64
18	59 40	53	144	60 33	53	143	61 26	52	142	62 18	52	141	63 10	51	140	64
19	59 13	52	142	60 05	52	141	60 57	52	140	61 49	51	139	62 40	50	138	63
20	58 45	+51	141	59 36	+52	140	60 28	+51	138	61 19	+50	137	62 09	+50	136	62
21	58 15	51	139	59 06	51	138	59 57	50	137	60 47	50	136	61 37	49	135	62
22	57 45	51	137	58 36	50	136	59 26	49	135	60 15	49	134	61 04	49	133	61
23	57 14	50	136	58 04	49	135	58 53	49	134	59 42	49	133	60 31	47	131	61
24	56 42	49	134	57 31	49	133	58 20	49	132	59 09	47	131	59 56	47	130	60
25	56 09	+49	133	56 58	+48	132	57 46	+48	131	58 34	+47	130	59 21	+47	128	60
26	55 35	49	132	56 24	48	130	57 12	47	129	57 59	46	128	58 45	46	127	59
27	55 01	48	130	55 49	47	129	56 36	47	128	57 23	46	127	58 09	45	126	58
28	54 26	47	129	55 13	47	128	56 00	46	127	56 46	46	125	57 32	44	124	58
29	53 51	46	128	54 37	47	126	55 24	45	125	56 09	45	124	56 54	44	123	57
30	53 14	+47	126	54 01	+45	125	54 46	+45	124	55 31	+45	123	56 16	+43	122	56
31	52 37	46	125	53 23	45	124	54 08	45	123	54 53	44	122	55 37	43	120	56
32	52 00	45	124	52 45	45	123	53 30	44	122	54 14	44	120	54 58	42	119	55
33	51 22	45	123	52 07	44	122	52 51	44	[illegible]	[illegible]	[illegible]	[illegible]	54 18	42	118	55
34	50 44	44	121	51 28	44	120	52 12	43	119	52 55	43	118	[illegible]	42	117	54
35	50 05	+44	120	50 49	+43	119	51 32	+43	118	52 15	+42	117	52 57	+42	116	53
36	49 26	43	119	50 09	43	118	50 52	43	117	51 35	41	116	[illegible]	41	115	52
37	48 46	43	118	49 29	43	117	50 12	42	116	50 54	41	115	51 35	41	114	52
38	48 06	43	117	48 49	42	116	49 31	41	[illegible]	[illegible]	[illegible]	114	50 53	41	113	51
39	47 25	43	116	48 08	42	115	48 50	41	114	49 31	40	113	50 11	40	112	50
40	46 44	+42	115	47 26	+42	114	48 08	+41	113	48 49	+40	112	49 29	+40	111	50
41	46 03	42	114	46 45	41	113	47 26	41	112	48 07	40	111	48 47	39	110	49
42	45 22	41	113	46 03	41	112	46 44	40	111	47 24	40	110	48 04	39	109	48
43	44 40	41	112	45 21	41	111	46 02	40	110	46 42	39	109	47 21	39	108	48

Sehen wir uns deshalb einmal in der Tafel für 41° Breite und 18° Declination (beides mit gleichen Vorzeichen, also beides Nord oder Süd) den berechneten Winkel »Hc« bei einem LHA von 35° an. »Hc« beträgt dort 52°15'. Rücken wir eine Spalte weiter nach rechts, dann haben wir ein Hc für eine Declination von 19° mit 52°57'. Der Unterschied zwischen diesen beiden Winkeln beträgt genau 42', also die Anzahl, die durch »d« angegeben ist. Das Ganze läuft auf eine einfache Dreisatzrechnung hinaus, die da lautet: Wenn Hc bei 18° Declination 52°15' und bei 19° Declination 52°57' war, wie groß ist »Hc« beispielsweise bei einer Declination von 18°30'?
Um die Rechnung zu erleichtern, ist in der PUB.NO.249 die Tafel 5 (Anlage 3) mit den beiden Eingängen »d« und der Minutenanzahl der Declination beigegeben – Ergebnis: 21'.
Ob die Verbesserung hinzuzuzählen oder abzuziehen ist, ergibt sich entweder aus einem Vergleich des Hc bei 18° Declination und dem Hc bei 19° Declination – oder (viel einfacher!) aus dem Vorzeichen bei »d«, das aus Gründen der Übersichtlichkeit nur bei jeder fünften LHA-Zeile in der PUB.NO.249 geschrieben ist.

Aber nochmals: Im Gegensatz zum Tafeleingang der Breite wird die Declination nicht etwa auf- oder abgerundet, sondern man geht in die Tafel zunächst mit der vollen Gradzahl der Declination ein und verbessert anschließend Hc wegen der verbleibenden Minutenzahl der Declination. Deshalb wird – anders als bei Breite und LHA – immer die nächst niedere volle Gradzahl der Declination benutzt!
Dabei wird klar, warum es unsinnig ist, die Bildpunktbreite (Declination) auf Bruchteile von Minuten zu berechnen (Seite 22). Denn in der Tafel 5 finden nur volle Minuten Eingang, sodass es nicht nur praktischer, sondern bei Verwendung der PUB.NO.249 auch richtiger ist, gleich bei

der Berechnung der Bildpunktbreite großzügig auf volle Minuten auf- oder abzurunden. Nun haben wir alles zum Zeichnen der Standlinie, bis auf das Azimut, denn die Zahl Z ist nicht immer das Azimut. Je nachdem, ob wir auf der Nordhalbkugel oder auf der Südhalbkugel herumskippern, müssen wir die Zahl Z noch geringfügig umrechnen, um das Azimut zu bekommen. Auch hier werden wir der Gedankenarbeit enthoben durch die Merkregeln auf jeder Tafelseite links unten und links oben, die uns genau angeben, wie wir Z noch umrechnen müssen. Für den Englischsprechenden kein Problem, für uns Deutsche noch einmal übersetzt:

LAT. (latitude)	= Breite
greater than	= größer als
less than	= kleiner als
Zn	= Azimut

Nebenbei: Die Nichtbeachtung dieser kleinen Regel in der PUB.NO.249 durch zwei deutsche Schiffsoffiziere (!) hat vor Jahren zur Strandung des Motorschiffes PELION bei Mombasa geführt.

Die Standlinie ergibt sich dann wie folgt: In die Seekarte wird der Rechenort eingezeichnet, durch den Rechenort das Azimut gelegt und anschließend der Unterschied in Minuten zwischen berechneter und gemessener Höhe festgestellt. Erinnern wir uns an das Beispiel mit dem Leuchtturm! Ist der gemessene Winkel größer gewesen, müssen wir also mehr zum Leuchtturm aufsehen, so sind wir tatsächlich näher dran und müssen den Unterschied in Minuten als Seemeilen von dem Rechenort (für den also der Winkel berechnet worden war) zum Gestirn auf dem Azimutstrahl abtragen und dann senkrecht auf dem Azimut die Standlinie errichten. Wir denken doch noch daran: Die Standlinie ist ein Stückchen des Kreises um den Bildpunkt des Gestirns (analog zu unserem Beispiel von dem Kreis um den Fußpunkt des Leuchtturms). Eine Gerade können wir nur deshalb zeichnen, weil der Kreis außerordentlich groß ist.

Bevor jetzt das erste Beispiel einer Standlinie gleich mal durchgerechnet wird, erinnern wir uns noch einmal daran, dass jede Gestirnsmessung für die Arbeit auf dem Papier von Unzulänglichkeiten in der Praxis (Lichtbrechung, Höhe des Beobachters, fehlende Sichtverhältnisse zum wahren Horizont, Messung des Sonnenunterrandes usw.) mit der Gb »gereinigt« werden muss. Schon bei der Mittagsbreite haben wir zu diesem Zweck die Anwendung der Gb-Tafel (Anlage 9) kennen gelernt. Natürlich kann jeder Leser so genau rechnen, wie er es gerne tut. Ich empfehle aber in der Praxis bei Sonnenmessungen die vereinfachte Gb-Tafel von Seite 29, deren drei Zahlen wir überallhin notieren können.

Allen Übungsaufgaben in diesem Buch liegt die vereinfachte Gb-Tafel mit einer Augeshöhe von 2 Metern zugrunde.

XIV. Jetzt wird es ernst

Nun aber das Berechnen und Zeichnen einer Standlinie Schritt für Schritt anhand eines praktischen Beispiels. Ist der zukünftige Navigator in der Lage, sämtliche Fragen bei abgedeckten Antworten fehlerfrei zu beantworten, so ist er fit für die Praxis. Wahrscheinlich wird er die Antworten sogar geben können, ohne nochmals auf den angegebenen Seiten nachlesen zu müssen.

Beispiel:
Am 12.4.2000 fällt auf der Yacht PINACOLADA das GPS aus, da es offensichtlich zu Servicezwecken abgeschaltet wurde. Auf Grund der letzten GPS-Anzeigen nimmt der Skipper seinen Schiffsort 40°01' N und 34°47' W an. Um 17 h 43 m 01 s UT1 misst bei einer Augeshöhe von ca. 2 Meter der Navigator den Sonnenunterrand mit 34°47'. Anschließend möchte er eine Standlinie zeichnen.

Das Ganze spielt sich also in den folgenden Stufen ab:

a) Die Bildpunktkoordinaten werden festgestellt (Seiten 18 ff.).
b) Der Rechenort wird so gewählt, dass er eine ganzgradige Breite hat und seine Länge mit der Bildpunktlänge einen ganzgradigen LHA bildet (Seite 57).
c) Die Tafeleingänge sind dann: vollgradige Bildpunktbreite (Declination) – ganzgradige Rechenortbreite – ganzgradiger LHA.
d) Mithilfe von d wird Hc auf die minutengenaue Declination verbessert.
e) Mit der Azimut-Regel »N.Lat.« am Tafelrand erhält man das Azimut.

Die einzelnen Schritte:

Gedankenschritte:	Antwort:
1. Wie lautet die ganzgradige Breite des Rechenortes?	40°N
2. Wie lautet die Bildpunktbreite? (Seite 21)	8°59' N
3. Welche Declinationsspalte muss benutzt werden?	8°
4. Welche Seite der PUB.NO.249 ist die richtige? (Seite 59)	LAT 40°/DECLINATION SAME NAME AS LATITUDE (Anlage 1)
5. Wie lautet die Bildpunktlänge? (Seite 22)	85°35,7'
6. Wie lautet der ganzgradige LHA? (Seite 57)	51°
7. Welche Rechenortlänge musste genommen werden, um den LHA ganzgradig zu machen?	34°35,7' W
8. Wenn mit obigem LHA, obiger Rechenortbreite und obiger Declination in die Tafel eingegangen wird, was erhalten wir als Hc, d und Z?	34°32'/+41/111°
9. Mit welchen beiden Werten muss in die Tafel 5 der PUB.NO.249 eingegangen werden, um Hc zu verbessern? (Seite 60)	41/59

Gedankenschritte:	Antwort:
10. Wie groß ist die Verbesserung für die Minuten der Declination?	40
11. Muss die Verbesserung abgezogen oder hinzugezählt werden?	hinzugezählt
12. Wie lautet dann endgültig Hc?	35°12'
13. Wie lautet das Azimut? (Seite 61)	Schiffsort auf Nordhalbkugel bei LHA kleiner als 180°, deshalb Azimut = 360°–111°, also 249°
14. Welcher Rechenort wird in die Karte eingezeichnet?	Siehe Nr. 1, also 40°N und Nr. 7: 34°35,7' W
15. Wie lautet der berichtigte gemessene Winkel? (Seite 29)	34°47' + 12' 34°59'
16. Wie groß ist der Unterschied zwischen gemessenem und berechnetem Winkel (Nr. 12)?	35°12' –34°59' 13'
17. Müssen diese Seemeilen in Richtung vom Rechenort zum Gestirn oder vom Rechenort weg vom Gestirn gezeichnet werden?	Nachdem der gemessene Winkel kleiner als der berechnete Winkel war, muss der Minutenunterschied zwischen den bei den Winkeln als Seemeile vom Rechenort und Sonne weg abgetragen werden.
18. Wie wird dann die Standlinie gezeichnet?	Senkrecht auf dem Azimut durch den Punkt, der sich durch das Abtragen der 13 Seemeilen ergibt.

In der Praxis wird so eine Rechnung bei einiger Übung in rund 5 Minuten durchgeführt. Selbst erfahrene Navigatoren müssen sich aber erst wieder in die ganze Geschichte hineindenken, wenn sie aus dem navigatorischen Winterschlaf erwachen und an Bord zum ersten Mal wieder die PUB.NO.249 herausholen. Der Leser braucht sich also nicht besonders unintelligent vorzukommen, wenn er ein paar Wochen nach dem Durcharbeiten dieser Geschichte an Bord erst wieder lang und breit überlegen muss, wie die Sache eigentlich funktioniert. Eine Hilfe ist hierbei sicher ein Schema, wobei es am besten ist, wenn sich jeder angehende Navigator ganz individuell sein eigenes Schema zurechtlegt. Wichtig für die Praxis ist hierbei eines: Am Ende des Schemas müssen zum Zeichnen der Standlinie immer 4 Zahlen stehen:

- die Rechenort-Breite
- die Rechenort-Länge
- der Unterschied zwischen errechnetem Winkel und berichtigtem gemessenen Winkel mit der Angabe »hin« oder »weg«
- das Azimut

Nachdem der Rechenort sowohl frühzeitig zur Berechnung des ganzgradigen LHA als auch für die Tafeleingänge und auch am Ende zum Zeichnen der Standlinie benötigt wird, empfiehlt es sich, ihn gleich beim Festlegen des Rechenortes am Ende des Schemas zu notieren.

Wichtig ist mir aber bei jedem Schema eines: Es darf keinesfalls so mechanisiert werden, dass der Benutzer gar nicht mehr weiß, was er nun im Einzelnen für Zahlen einträgt. Deshalb sollte aus einem solchen Schema der Benutzer auch immer etwas zum Mitdenken angehalten werden. Wie ich mir so einen »Leitfaden« vorstelle, zeigt Seite 110. Es können von diesem Schema – für private Zwecke – Fotokopien hergestellt werden, um diese bei Törns als Formulare zu benutzen.

Über eines darf man sich nicht hinwegtäuschen lassen: Selbst wenn man diese Standlinienberechnung nun »auf dem Trocknen« nahezu im Schlaf beherrscht, heißt dies noch lange nicht, dass in der Bordpraxis dann die Fehlerfreiheit unserer Berechnungen gewährleistet ist. Jeder Segler kennt dieses ekelhafte Gefühl im Magen, das die nahende Seekrankheit ankündigt. Zehn Sekunden zu lange in der PUB.NO.249 nach den kleinen Zahlen gesucht, und schon kann es zu spät sein, um überhaupt noch rechtzeitig an die Reling zu kommen. Ich hab's erlebt, wie ein zuverlässiger Rechner, der zu Hause schon Dutzende von Standlinien ausgerechnet hatte, zu einer einzigen dann an Bord fast eine Stunde gebraucht hat und die auch nur dank seiner enormen Willenskraft nach fünf Zwangspausen zu Ende bringen konnte. Man sollte deshalb seine Arbeit – insbesondere in den Tafeln und im Jahrbuch – möglichst rationalisieren. Dazu gehört in erster Linie, dass man sich jeweils sofort die notwendigen Zahlen herausschreibt. Es ist zum Beispiel unvernünftig, aus dem N. J. nicht gleichzeitig Declination und Greenwichwinkel herauszuschreiben, auch wenn man den Greenwichwinkel in unserem Schema erst bei Frage 5 benötigt.

Eine weitere Vereinfachung lässt sich gerade dort einführen, wo Rechenfehler am häufigsten auftauchen, nämlich bei der Bestimmung der Rechenortlänge (siehe Seite 57). Diese haben wir dort so berechnet:

1. Der LHA wurde genau berechnet.
2. Der LHA wurde ganzgradig auf- oder abgerundet.
3. Vom vollgradigen LHA wurde der Greenwichwinkel wieder »herausgenommen«, um so genau die Rechenort-

länge zu finden, die letztlich den ganzgradigen LHA ergeben hat.

Dies lässt sich – insbesondere wenn sich das Schiff auf Westlänge befindet – ganz erheblich vereinfachen: Mit der gegissten Schiffslänge wird überhaupt nicht mehr gerechnet, sondern es wird sofort vom Greenwichwinkel eine Rechenortlänge abgezogen, die dann einen ganzgradigen LHA ergibt.

Beispiel:
Der Greenwichwinkel beträgt 121°21,0', und die gegisste Schiffslänge wird mit 37°56' festgelegt.

Bekanntlich wird bei Westlänge der LHA durch Abziehen der Schiffslänge vom Greenwichwinkel gefunden. Wenn wir nun statt 37°56' gleich 38°21' abziehen, sieht dies so aus:

	121°21,0'
Rechenortlänge	– 38°21,0'
LHA	83°00,0'

Wir müssen also die Minuten der Rechenortlänge einfach gleich den Minuten des Greenwichwinkels wählen.
Allerdings: Die Rechenortlänge darf von der gegissten Schiffslänge nicht mehr als 30' abweichen.

Beispiel: Bei einem Greenwichwinkel von 137°18' und einer gegissten Schiffslänge von 43°52' W:

	137°18'
Rechenortlänge	– 44°18,0'
LHA	93°00,0'

In diesem Fall wäre es also falsch gewesen, 43°18' abzuziehen, denn dann wäre ja die Rechenortlänge von der gegissten Schiffslänge mehr als 30', nämlich 34' entfernt gewesen.*

Bei Schiffswestlänge rate ich auf jeden Fall zu dieser Vereinfachung. Befindet sich das Schiff dagegen auf Ostlänge, so muss für eine ähnliche Vereinfachung ein wenig das Kopfrechnen herhalten. Ist jemand darin schwach, so möge er die nächsten Zeilen gleich überlesen. Ansonsten bringt es eine Vereinfachung der Berechnung der Rechenortlänge, wenn zum Greenwichwinkel gleich die Rechenortlänge hinzugezählt wird, deren Minuten mit den Minuten des Greenwichwinkels 60', also einen ganzen Grad ergeben. Befindet sich das Schiff zum Beispiel auf 22°22' E und beträgt der Greenwichwinkel 88°22,3', so kann deshalb gleich gerechnet werden:

	88°22,3'
Rechenortlänge	+ 22°37,7'
LHA	111°00,0'

Aber auch hier ist darauf zu achten, dass die Rechenortlänge nie mehr als 30' von der gegissten Schiffslänge entfernt ist.

Deutlicher wird das bei diesem Beispiel:
Bei einem Greenwichwinkel von 45°34,9' beträgt die gegisste Schiffslänge 19°58' E:

	45°34,9'
Rechenortlänge	+ 20°25,1'
LHA	66°00,0'

Hier wäre es also falsch gewesen, eine Rechenortlänge von 19°25,1' zum Greenwichwinkel hinzuzuzählen, da diese Rechenortlänge mehr als 30', nämlich genau

* Im Übrigen ist es keine Katastrophe, wenn es mal passieren sollte, dass nicht die nächste Rechenortlänge gewählt wird, also die Rechenortlänge mehr als 30' von der gegissten Schiffslänge entfernt wäre. Das würde das Ergebnis nicht total verfälschen, sondern allenfalls zu einer Ungenauigkeit von ein bis zwei Seemeilen führen. Bitte nicht verunsichern lassen: Auch wenn der nächstgelegene Rechenort gewählt wurde, kann zwischen berechnetem und gemessenem Winkel mal ein geringfügig größerer Unterschied als 30' herauskommen.

32,9' von der gegissten Schiffslänge entfernt wäre. Bei Ostlängen wird man in der Praxis unter die Minuten des Greenwichwinkels zunächst die Minutenzahl schreiben, die einen vollen Grad ergibt, und anschließend nach Abwägen der Entfernung vom gegissten Schiffsort die vollen Grade hinzusetzen. Beim letzten Beispiel sieht dies so aus:

45°34,9'
25,1'
00,0'

Hier steht der Navigator also vor der Wahl, als volle Grade 19° oder 20° zu nehmen. Schnell wird er im Kopf überschlagen, dass 20°25,1' von 19°58' nur ca. 27' entfernt sind, sodass er dann – wie oben geschehen – 20° einsetzen kann.

XV. Das Zeichnen einer Standlinie

Zur Erinnerung:
Die PUB.NO.249 sagt uns den Winkel (Hc), den wir nach Anbringung von Gb im Sextanten messen müssten, wenn wir so weit vom Bildpunkt entfernt wären wie der Rechenort.
Der Unterschied zwischen Hc und gemessenem Winkel (nach Anbringung der Gb) in Minuten zeigt, wie viele Seemeilen der Schiffsort näher beim Bildpunkt oder weiter weg vom Bildpunkt liegt.
Da die Standlinie der – praktisch gerade – Ausschnitt aus einem Kreis um den Bildpunkt ist, muss sie senkrecht auf dem nächsten Radius dieses Kreises, der genau dem Azimut (Richtung zum Bildpunkt) entspricht, gezeichnet werden – nachdem auf dem Azimut der Unterschied zwischen gemessenem und berechnetem Winkel vom Rechenort zum Bildpunkt hin oder vom Rechenort und Bildpunkt weg abgetragen wurde.

Das ergibt folgende Reihenfolge:

1. Rechenort einzeichnen.
2. Azimut (Richtung zum Bildpunkt) durch den Rechenort zeichnen.
3. Unterschied zwischen gemessenem und berechnetem Winkel auf dem Azimut bei Rechenort zum Bildpunkt hin oder vom Bildpunkt weg zeichnen.
4. Durch den so entstandenen neuen Punkt senkrecht auf das Azimut die Standlinie errichten.

Die auf Seite 62 mithilfe der Fragen 1 bis 18 ermittelte Standlinie wird wie folgt in eine Karte gezeichnet. Hierbei ist es sicher bekannt, dass Seemeilen mit dem Kartenzirkel immer auf der Breitenminutenskala am linken oder rechten Kartenrand abgenommen werden:

Der häufigste Fehler beim Zeichnen ist das Abtragen des Unterschiedes in die falsche Richtung. Deshalb immer mitdenken! Vormittags – wenn also die Sonne noch nicht im Süden war – muss der Azimutpfeil immer nach »rechts« (Osten) zur Sonne zeigen, nachmittags nach »links« (Westen).

Das Zeichnen einer Standlinie kann selbstverständlich in jeder Seekarte erfolgen. Meistens haben aber die gerade benutzten Seekarten für die Astronavigation einen ungünstigen Maßstab. In einem solchen Fall ist es besser, seine Standlinie in eine sogenannte Leerkarte zu zeichnen und den

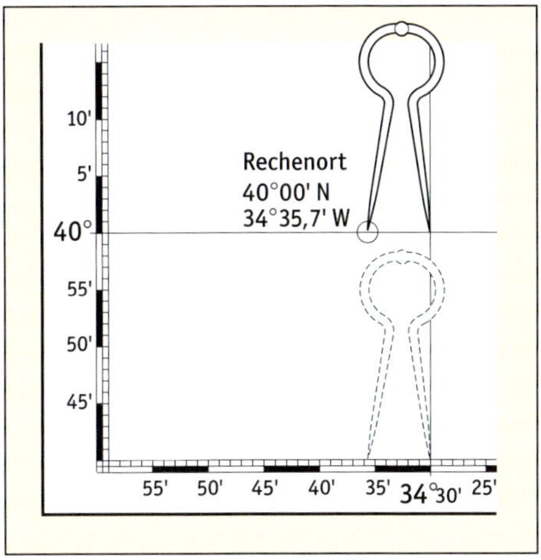

1. Rechenort einzeichnen

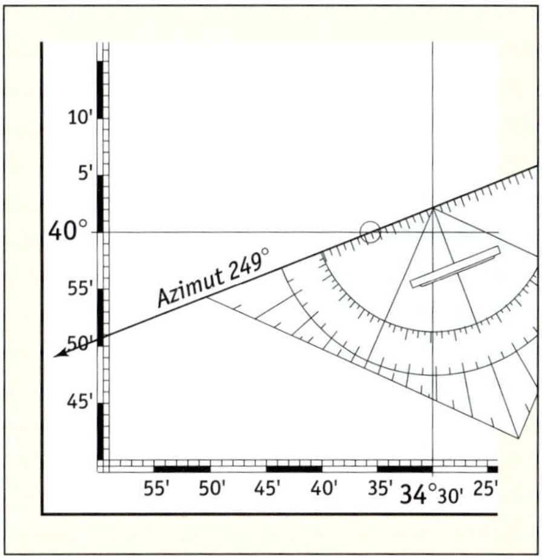

2. Azimut einzeichnen

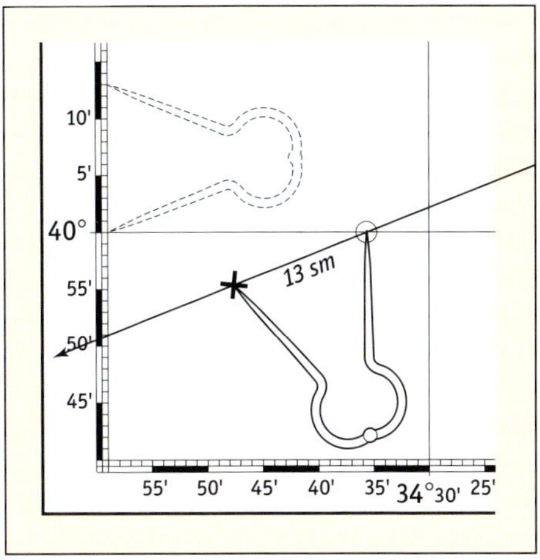

3. Standlinie einzeichnen

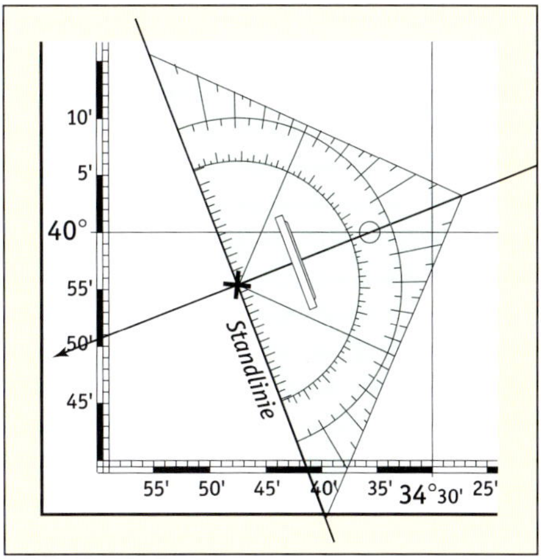

4. Standlinie zeichnen

dort festgestellten Schiffsort dann in die eigentliche Seekarte zu übertragen. Eine Leerkarte ist nichts anderes als lediglich das Gradnetz einer Seekarte mit Längen- und Breitenminuteneinteilung. Das reicht für die astronomische Navigation vollkommen aus, weil wir ja jetzt lediglich eine astronomische Standlinie beziehungsweise einen Standort finden wollen und nicht um eine Felshuk (die ja in der Leerkarte nicht eingezeichnet wäre) herumnavigieren müssen. Wegen der Schwierigkeiten, die Kugelform der Erde auf eine Fläche (Karte) zu projizieren, können Leerkarten nur für diejenigen Breiten benutzt werden, für die sie konstruiert sind. Dagegen spielt es keine Rolle, auf welcher Länge sie benutzt werden.

XVI. Die hausgemachte Seekarte

Wenn sich weder die Seekarte zur Astronavigation eignet noch eine Leerkarte zur Verfügung steht, so lässt sich auf einfache Weise auf jedem Blatt Papier eine Leerkarte »konstruieren«. Das ist nicht etwa eine Notlösung, sondern bei nur wenig Übung sicher die praktischste Lösung. Ich habe mit dieser Methode jahrelang mit Vergnügen gearbeitet:

Das Prinzip besteht darin, dass zeichnerisch auf simple Art das für die jeweilige Breite richtige Verhältnis in Längen- und Breitenminuten (das auch der Mercator-Projektion zugrunde liegt) dargestellt wird. Der Clou ist eine Hilfslinie, die durch den Schnittpunkt des betreffenden Breitengrades mit einem Längengrad verläuft und mit dem Breitengrad genau den jeweiligen Winkel der betreffenden Breite bildet. Als Maßstab nehme man am besten 2 mm pro Breitenminute oder Seemeile. Dann können Entfernungen und Breitenminuten direkt gemessen oder gezeichnet werden. Die Länge dagegen muss senkrecht (zum Breitengrad) auf die Hilfslinie übertragen werden, um sie dann nur von der Hilfslinie mit 2 mm pro Längenminute herauszumessen. Will man eine Länge einzeichnen, gehe man den umgekehrten Weg: Längenminuten zu je 2 mm auf der Hilfslinie auftragen und durch den so erhaltenen Punkt eine Senkrechte (zum Breitengrad) ziehen.* Manchem

*Aufpassen! Bei Westlänge zählt die Länge nach »links« – bei Ostlänge nach »rechts«.

Leser ist das jetzt zu schnell gegangen, deshalb gleich eine Standlinie:
Am 13.4.2000 um 11 h 17 m 32 s UT1 wird bei Totenflaute der Sonnenunterrand mit 28°12' am Sextanten gemessen. Der Skipper schätzt seinen Schiffsort auf 39°53' N, 49°50' W. Das Gedankenschema von Seite 62 zugrunde gelegt, ergibt jeweils folgende Antworten:
(Bitte vor dem Weiterlesen unbedingt selbst – ohne zu »spicken« – die Antworten Nr. 1–17 niederschreiben! Wenn sie nicht alle richtig sind, sofort dem Fehler auf den Grund gehen. Wenn noch etwas unklar ist, hilft vielleicht Seite 110 weiter.)

1. 40°N
2. 9°15' N
3. 9°
4. LAT 40° DECLINATION SAME NAME AS LATITUDE (Anlage 1)
5. Grt 344°53,2'
   Zuwachs + 4°23,0'
   349°16,2'
6. 349°16,2'
   – 50°16,2'
   LHA 299°00,0'
7. 50°16,2' W
8. 27°52'/+39/102°
9. 15/39
10. 10
11. hinzuzählen
12. 28°02'
13. Z = Azimut (ZN), also 102°
14. siehe Nr. 1 und Nr. 7
15. 28°24'
16. 28°24'
    –28°02'
    22'
17. zur Sonne hin

Und so wird die Standlinie in unsere »hausgemachte« Seekarte hineinkonstruiert:

1. Koordinatensystem mit 40°N und 50°W zeichnen.

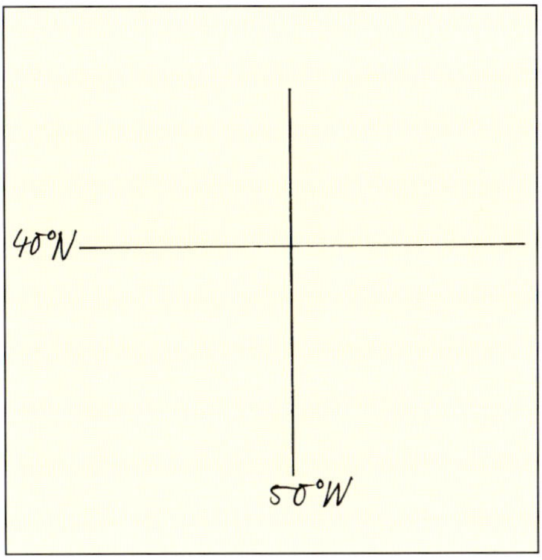

2. Hilfslinie mit Winkel der betreffenden Breite (also 40°) errichten. (Ob sie von links unten nach rechts oben oder umgekehrt verläuft, ist gleichgültig.)

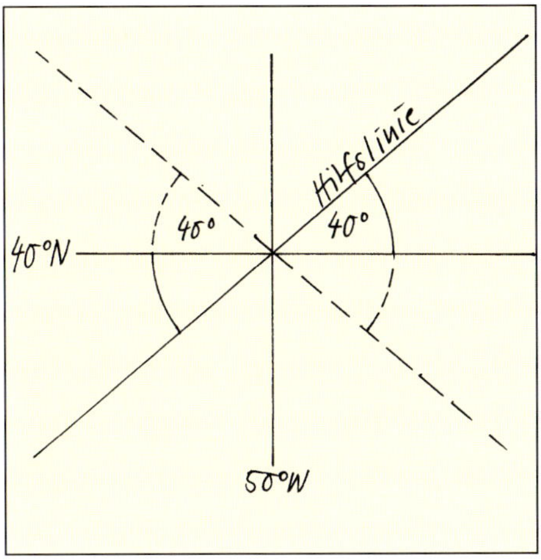

3. 16 Längenminuten auf der Hilfslinie als 32 mm nach links auftragen.

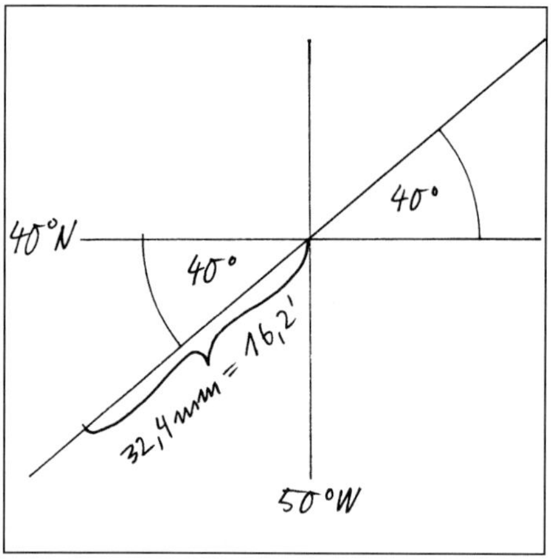

4. Senkrecht darunter den Rechenort auf 40°N mit 50°16,2' W zeichnen.

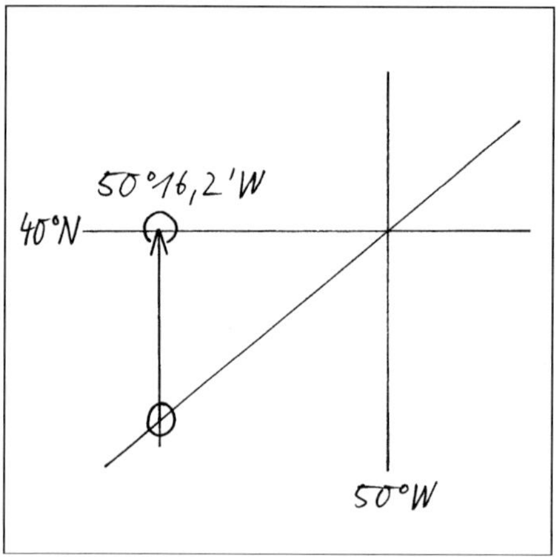

5. Azimut (102°) durch Rechenort legen.

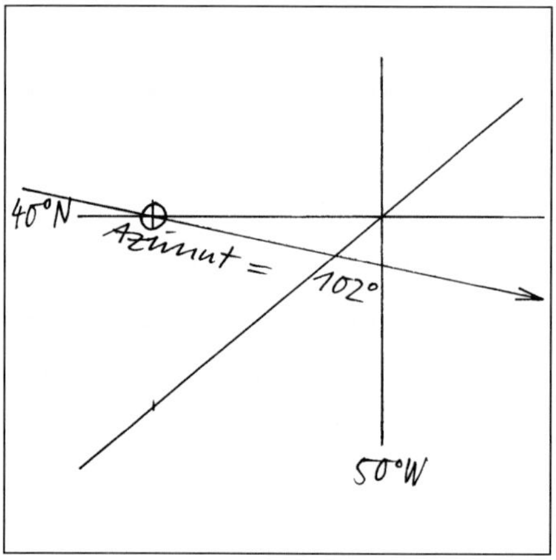

6. Den Unterschied (22' = 44 mm) auf dem Azimut zur Sonne hin abtragen.

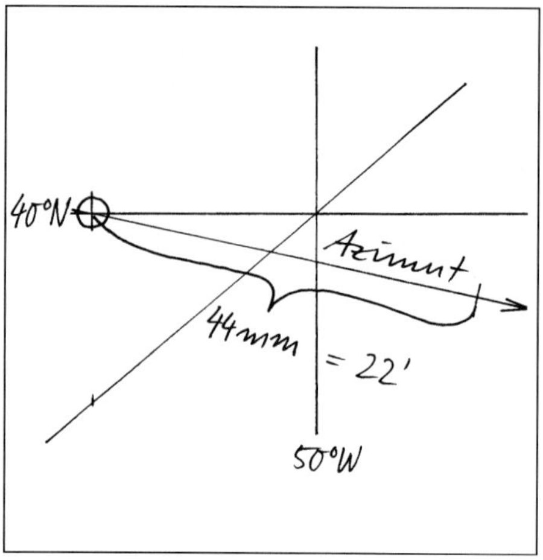

7. Dort senkrecht zum Azimut: Standlinie.

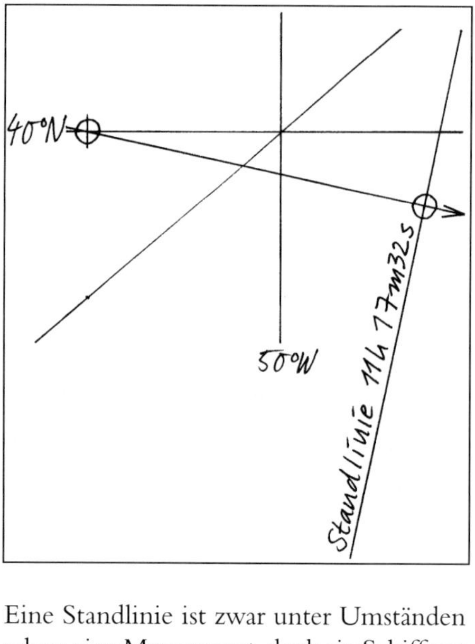

Eine Standlinie ist zwar unter Umständen schon eine Menge wert, doch ein Schiffsort ergibt sich immer erst aus dem Schnittpunkt zweier Standlinien. Deshalb misst der Skipper im obigen Beispiel gegen 15 h 21 m UT1 die Mittagsbreite, wobei der Sonnenunterrand am Sextanten mit 59°21' abgelesen wird (Seite 26).

Breite = 90°00'
+ 9°19'
99°19'
– 59°34' (Sextantwinkel + Gb)
39°45' ★

Das ergibt dann einen fertigen Schiffsort, der in folgenden Schritten – umgekehrt wie vorher – herausgemessen wird:

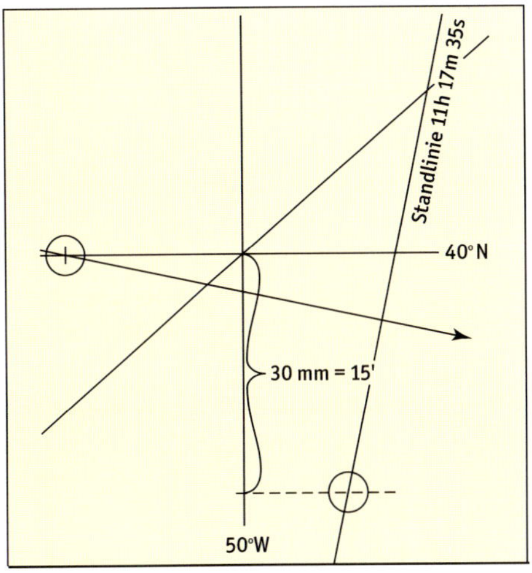

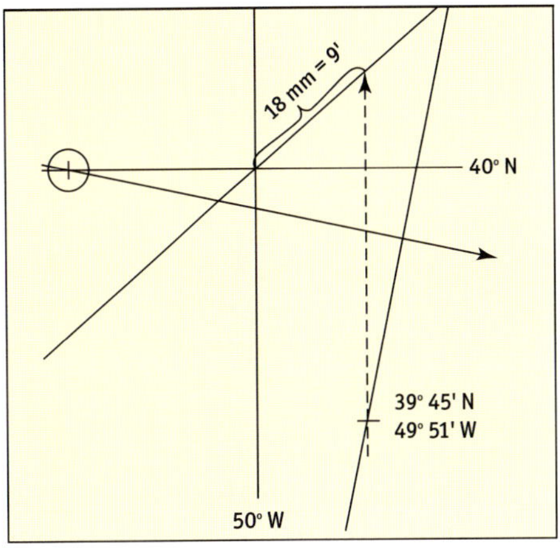

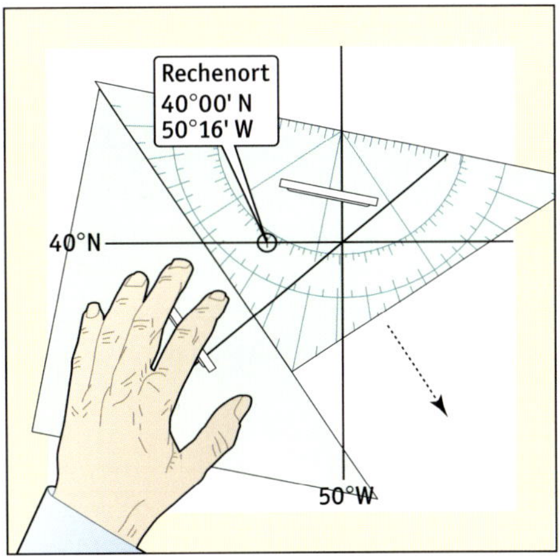

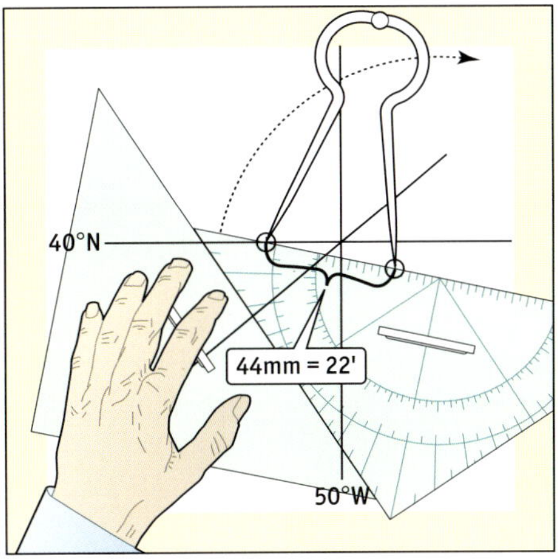

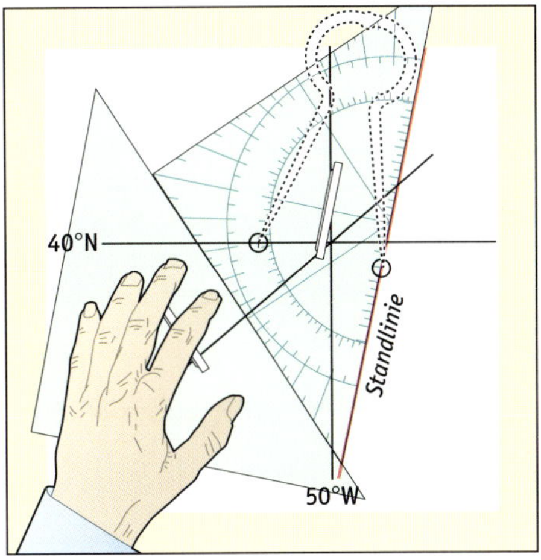

★ Übrigens: Bequemer lässt sich das rechnen, wenn man statt 90°00' 89°60' nimmt, was ja dasselbe ist (60' = 1°).

Breite = 89°60'
+ 9°19'
98°79'
– 59°24' (Sextantwinkel + Gb)
39°55'

Jetzt der Ernstfall: Am 22.8.2000 dümpelt die Yacht TOMIGA bei Flaute mit kaputter Maschine auf einem gegissten Schiffsort von 41°22' N und 22°50' W. Um 10 h 42 m 54 s UT1 misst der Navigator bei einer Augeshöhe von ca. 2 m den Sonnenunterrand mit 42°07'. Gegen Schiffsmittag misst er noch einmal den Sonnenunterrand um 13 h 34 m 18 s UT1 in einem Winkel von 60°09'.
Wie lautet der Schiffsort?

Zirka zwei Stunden später – es bläst immer noch kein Hauch – wird noch einmal der Sonnenunterrand um 15 h 42 m 00 s UT1 mit 48°59' gemessen. Ist irgendeine Stromversetzung festzustellen?

Beim Zeichnen haben wir sicher festgestellt, dass die Vielzahl der Linien (Hilfslinie, Standlinie, Azimut) leicht zur Verwirrung führen kann. Man versuche deshalb anfangs, das Azimut jeweils so leicht wie möglich zu zeichnen, um es dann mit fortschreitender Übung ganz weglassen zu können. Gerade die in Deutschland gebräuchlichen Kartendreiecke gewährleisten auch dann Zuverlässigkeit, wenn das Azimut überhaupt nicht mehr gezeichnet wird.

Der »Trick« besteht lediglich darin, dass auf der langen Seite des Dreiecks (= Azimut) der Unterschied mit dem Zirkel deutlich markiert wird. Anschließend wird das Dreieck um 90° gedreht und wiederum die lange Seite durch die Markierung gelegt.
Hierzu ein paar Tipps: Den »Unterschied« schon vor Zeichenbeginn mit dem Zirkel abgreifen. Während des ganzen Zeichenvorgangs das Anlegedreieck fest auf die Unterlage pressen.

Unbedingt mit Dreiecken nachvollziehen!

XVII. Die »Versegelung« astronomischer Standlinien

Zunächst noch eine Aufgabe: Am 13.4.2000 befindet sich die Yacht LADY C. bei ihrer Reise nach Tokio auf einem gegissten Schiffsort von 40°52' N und 154°13' E. Der rechtweisende Schiffskurs beträgt 288° und die Geschwindigkeit der LADY C. ist unter Vollzeug gleichbleibend 6,4 Knoten. Am späten Vormittag, genau um 0 h 17 m 33 s UT1, misst der Skipper aus einer Augeshöhe von 2 m den Sonnenunterrand und erhält einen Winkel am Sextanten von 52°42'.
Bitte unbedingt vor dem Weiterlesen nunmehr die Standlinie zeichnen!

Übrigens befand sich die Yacht TOMIGA am 22.8.2000 auf 41°12' N und 22°49' W. Deutlicher Stromeinfluss konnte bis zur dritten Messung nicht festgestellt werden.*

Der Skipper der LADY C., der ja mit einer Vormittagsstandlinie alleine nicht sehr viel anfangen kann, entschließt sich, noch die Mittagshöhe zu messen, um so zu einem guten Schiffsort zu kommen. Natürlich wird er den ungefähren Zeitpunkt für die Mittagshöhe vorausberechnen (siehe Seite 33). Wir wissen doch noch: Schiffsmittag ist dann, wenn sich die Sonne (und ihr Bildpunkt) auf der gleichen Länge wie das Schiff befindet. Wir können für diese Vorausberechnung trotz der erheblichen Geschwin-

*Aufgrund von Zeichenungenauigkeiten und uneinheitlichen Auf- und Abrundungen können durchaus Abweichungen von den Musterlösungen von 1 Seemeile entstehen. Beträgt die Abweichung aber 2 Seemeilen und mehr, liegt ein Fehler vor.

digkeit der LADY C. in westlicher Richtung ruhig den gegissten Schiffsort vom Vormittag nehmen, da sich die Sonne ja – scheinbar – 4 Minuten lang auf dem höchsten Punkt ihrer Bahn aufhält. Diesen Zeitpunkt können wir aber auch mit dem gegissten Schiffsort ausreichend genau vorausberechnen, selbst wenn die LADY C. zwischenzeitlich ihre Länge um einige Längenminuten verändert haben sollte. Zu welcher ungefähren Uhrzeit muss also der Navigator der LADY C. an Deck gehen? Anschließend misst der Navigator den Sonnenunterrand mit einem Winkel von 58°14', nachdem er zuvor im Sextanten aufmerksam beobachtet hat, dass die Sonne mehrere Minuten lang nicht mehr gestiegen ist. Auf welcher Breite befindet sich die LADY C.?

Natürlich kann jetzt die Standlinie von 0 h 17 m 33 s UT1 nicht einfach mit der Mittagsbreite zum Schnittpunkt gebracht werden, um so einen Schiffsort zu erhalten. Denn seit der Sonnenmessung um 0 h 17 m 33 s UT1 ist die LADY C. ja auf einem rechtweisenden Kurs von 288° und mit einer Geschwindigkeit von 6,4 Knoten weitergelaufen. Das macht bis zum Schiffsmittag um 1 h 46 m UT1 eine Strecke von immerhin 10 sm aus. Würde der Navigator für den Mittagsstandort des Schiffes also einfach die Vormittagsstandlinie verwenden, so wäre diese Standlinie um diese Anzahl von Seemeilen falsch. Das ist eine ganze Menge, wenn man bedenkt, dass die Vormittagsstandlinie bei guter Messung auf ein bis zwei Seemeilen genau sein könnte. Glücklicherweise gibt es ein sehr einfaches Mittel, um mit dieser Schwierigkeit fertig zu werden: Die Vormittagsstandlinie muss versegelt werden. Hierzu brauchen wir sie in der Zeichnung nur in der rechtweisenden Kursrichtung um die zwischen den beiden Messzeitpunkten zurückgelegte Strecke parallel zu verschieben.

Eine Frage, die immer wieder gestellt wird: Welchen gegissten Schiffsort benutze ich für die zweite Standlinie, wenn sie mit der Höhenmethode nach PUB.NO.249 berechnet und die erste Standlinie versegelt wird? In der Praxis sollte man sich darüber keine großen Gedanken machen und im Allgemeinen den ersten gegissten Schiffsort benutzen, der ja ohnehin nur zum nächstgelegenen Rechenort führen soll. Handelt es sich um größere Versegelungen – 20 Seemeilen und darüber –, kann man für die zweite Standlinie einen anderen Gissort benutzen, der (»meist über den Daumen«) um die Versegelung verbessert wurde. Weicht der später ermittelte Schiffsort allzu sehr, über 40 Seemeilen, vom gegissten ab (was in der Praxis selten vorkommt), kann man die Rechnungen ja wiederholen, wobei man dann an Stelle des ursprünglichen gegissten Schiffsortes dann eben den berechneten benutzt, um den neuen Rechenort zu finden. Man wird sehen, dass meistens kaum größere Unterschiede als vielleicht zwei Seemeilen festzustellen sind.

Erst jetzt sollten wir die Mittagsbreite in die Zeichnung einsetzen. Ihr Schnittpunkt mit der versegelten Standlinie ist der Schiffsort der LADY C. um Schiffsmittag.

Welche Koordinaten hat er?

Klar, dass bei der Versegelung einer Standlinie Steuerungenauigkeiten, Strom etc. als – unwesentliche – Fehler in den Schiffsort eingehen. Man sollte aber hier nicht päpstlicher als der Papst sein, sondern bedenken, dass astronomische Standlinien zwar auch in der terrestrischen Navigation durchaus verwendet werden können, doch der Regelfall ihre Anwendung auf hoher See ist. Was aber nicht heißen soll, dass eine astronomische Standlinie ungenauer als alle terrestrischen Standlinien ist. Bei einer Entfernung eines

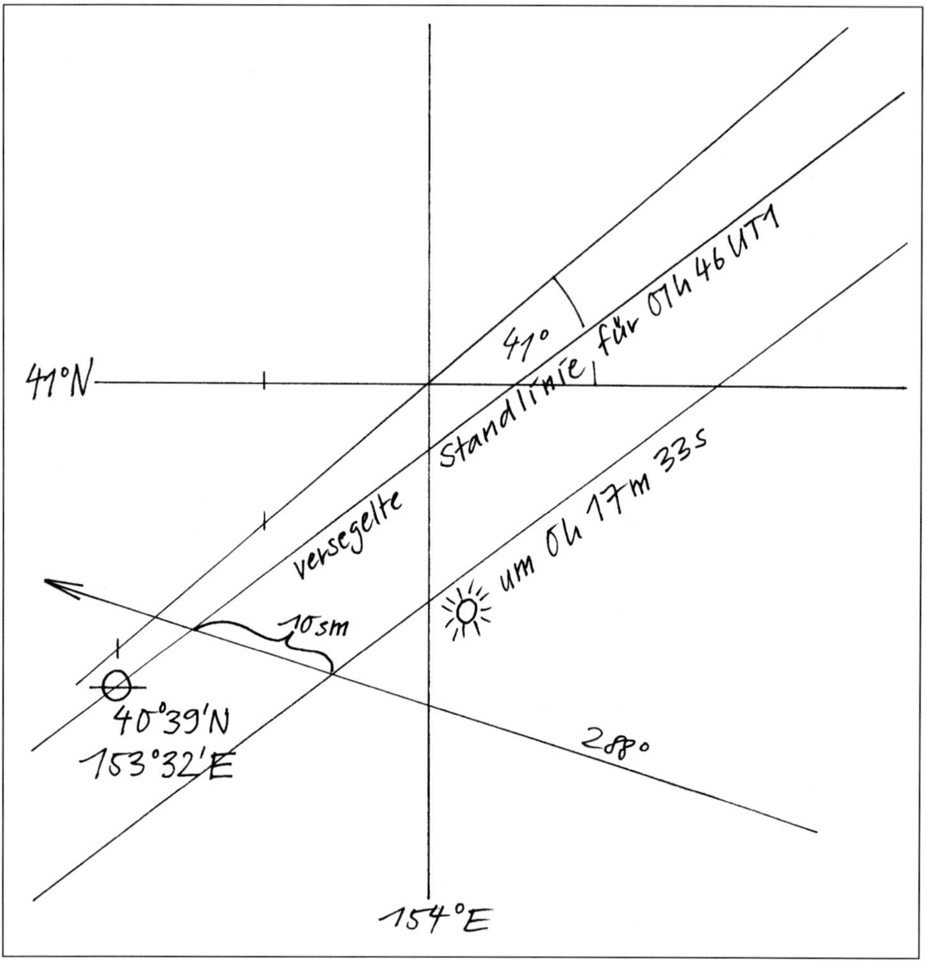

Peilobjektes von 30 Seemeilen (Berg etc.) kann eine Standlinie mithilfe der Sonne durchaus genauer sein als eine Kompasspeilung. In erster Linie liegt das natürlich nicht an der Genauigkeit der Rechnung, sondern an der Geschicklichkeit des Navigators in der Handhabung eines Sextanten.

Der Mittagsort der LADY C. war 40°39' N, 153°32' E.

Damit sind wir fit für die Praxis. Keine Schwierigkeit wird es bereiten, die folgenden Standorte auszurechnen. Als Augeshöhe werden hierbei immer 2 m angenommen, und solange nichts anderes gesagt ist, wird der Sonnenunterrand gemessen.

1. Am 22.8.2000 befindet sich die Yacht PUSTEBLUME auf ca. 40°12' N und 51°40' W.
   Ihr rechtweisender Kurs ist 100°, ihre Geschwindigkeit 7 kn. Um 13 h 42 m 39 s UT1 ergibt eine Sonnenmessung am Sextanten 52°22'. Um 15 h 45 m 08 s UT1 wird die Sonne mit 60°50' gemessen. Standort?
2. Am 12.4.2000 segelt die SARITA auf

einem rechtweisenden Kurs von 160° mit 8 kn. Der gegisste Schiffsort ist 41°08' N und 167°20' E. Um 22 h 42 m 54 s UT1 wird die Sonne mit 47°00' gemessen. Später ergibt eine Mittagsbreite 57°40' am Sextanten. Wo befindet sich die SARITA?

3. Am 13.4.2000 dümpelt die Yacht GAMMLER in einer Flaute. Der Schiffsort wird mit 40°55' N und 48°20' W geschätzt. Der Skipper beabsichtigt nun, seinen Standort mithilfe einer »Mittagslänge« (Seite 33) und einer Mittagsbreite festzustellen. Hierzu ergibt die erste Messung um 14 h 12 m 16 s UT1 55°20'. Als der Skipper mittags die Sonne messen will, setzt sich für ca. 15 Minuten eine dunkle Wolke vor die Sonne, sodass eine Messung nicht möglich ist. Um 16 h 16 m 30 s UT1 kann dagegen der gleiche Winkel wie vormittags, nämlich 55°20' gemessen werden. Wie lautet der Standort, wenn der Skipper die zweite Messung sowohl für die Mittagslänge als auch für eine Standlinie nach der PUB.NO.249 verwendet?
4. Am 23.8.2000 befindet sich die CARPEDIEM auf einem gegissten Schiffsort von 39°54' N und 169°22' W. Der rechtweisende Kurs beträgt 94°, die Geschwindigkeit 7,5 kn. Um 21 h 42 m 35 s UT1 wird die Sonne mit 53°22' gemessen. Um 23 h 45 m 19 s UT1 ergibt eine weitere Sonnenmessung einen Winkel am Sextanten von 60°18'. Schiffsort?
5. Am 12.4.2000 gisst der Navigator der MESSALINA II seinen Schiffsort mit 41°10' N und 30°51' W. Der rechtweisende Kurs beträgt 290°, seine Geschwindigkeit 6,5 kn. Um 15 h 44 m 02 s UT1 ergibt eine Sonnenmessung 50°34' und um 17 h 14 m 9 s UT1 37°10'. Wo befindet sich MESSALINA II?

XVIII. Die Technik des Messens

Das ist das Kernproblem der gesamten astronomischen Navigation, nämlich die praktische Handhabung des Sextanten an Bord einer schaukelnden kleinen Yacht. Eine genaue Winkelmessung ist nämlich in erster Linie eine Frage der Übung. Man kann die Handhabung eines Sextanten zwar erklären, notwendige Fertigkeit muss man sich jedoch in der Praxis selbst aneignen. Steht man noch vor der Wahl des richtigen Sextanten, so kaufe man gleich einen guten Vollsichtsextanten, der das Messen ganz erheblich vereinfacht. Ein billiger Plastiksextant oder ein Sextant aus Karton sollte nur zur Übung verwendet werden. Ganz abgesehen davon, dass sich ein teurer Trommelsextant wesentlich leichter handhaben lässt als einer aus Plastik mit Noniuseinteilung, womöglich noch ohne optisches Fernrohr. Dass ein Sextant außerordentlich stoßempfindlich ist, dürfte bekannt sein, und es ist ratsam, ein derartiges Messinstrument nach einem Malheur an die Herstellerfirma zur Überprüfung zu schicken. Mit Bordmitteln lässt sich da wenig feststellen.

Wenn der Navigator den Horizont als eine durchgehende Linie »misst« und eine solche Anzeige am Sextanten hat, liegt kein Indexfehler vor.

Fehler am Sextanten

● Indexfehler

Um einen »Fehler« sollten wir uns gleich kümmern, nämlich den Indexfehler. Ist der Sextant ansonsten in Ordnung und zeigt er bei der Messung eines einzigen Objektes (Sonne, Horizont) einen anderen Winkel als 0 Grad 0 Minuten an, so liegt ein Indexfehler vor. Der Indexfehler kann sich verändern mit wechselnden Temperaturen. Man sollte ihn deshalb häufiger überprüfen. Übertrieben ist es aber, ihn, wie in der Großschifffahrt vorgeschrieben, vor jeder Messung festzustellen und in die Messung einzurechnen. In der Bordpraxis reicht es aus, den Indexfehler zu Beginn eines Törns zu messen. Am besten eignet sich hierzu der Horizont oder eine Landmarke, die möglichst weiter als zwei Seemeilen entfernt sein muss. Da ich der Meinung bin, dass jede auch noch so einfache Berechnung eine Fehlerquelle sein kann, eliminiere ich den Indexfehler nicht durch Rechnung, sondern setze mit einem wasserfesten Filzschreiber auf der Sextanttrommel bei Vorhandensein eines Indexfehlers ganz einfach einen neuen Nullpunkt. Der Indexfehler, der bei fast allen Sextanten vorhanden ist und nichts aussagt über die Qualität des Instrumentes, kann auf diese Weise ausgemerzt werden, wenn er zwei Winkelminuten nicht übersteigt.

Neuere Sextanten des führenden Herstellers Cassens und Plath sind nach meinen Vorstellungen mit einer Indexschraube versehen worden. Damit konnte die doch etwas primitive »Filzstift-Methode« umgangen werden. Mit der »Indexschraube« kann die Minutenskala anders eingestellt werden. Die Vorgehensweise ist geblieben. Der Horizont – oder die Sonne – werden mit dem Sextanten so angepeilt, dass ungespie-

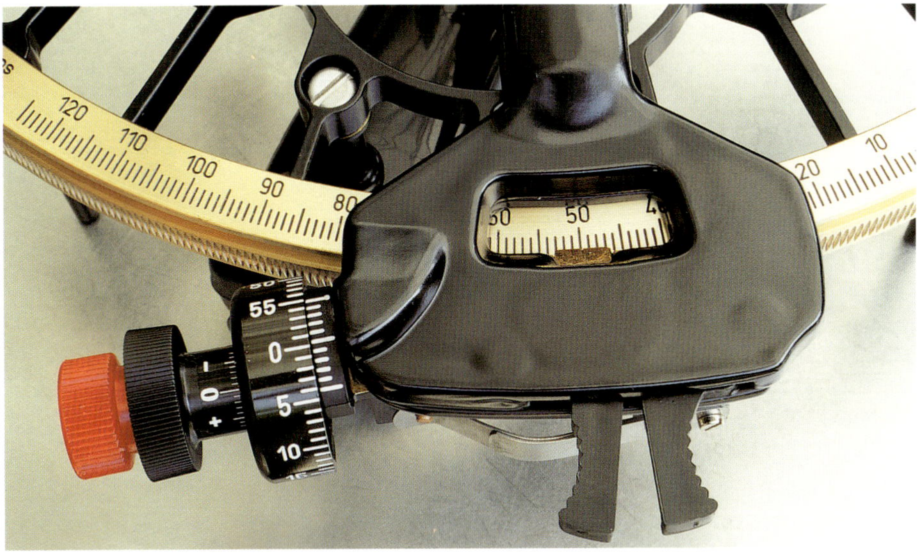

Vor allem darf der Navigator keinen Fehler machen. Die richtige Ablesung lautet hier: 49°55′, nicht 50°55′. Mit der roten Indexschraube lässt sich der Indexfehler beseitigen, indem die Skala mit den 60 Minuten so verstellt werden kann, dass der »Indexfehler« genau null Minuten ist.

geltes Bild mit dem gespiegelten zur Deckung gebracht werden. Zeigt die Messung 0°0' an, so liegt kein Indexfehler vor. Wenn nicht, wird die Minutenskala nach Lockerung der Indexschraube auf »Null« gesetzt, und dann festgeschraubt.
Diese Methoden zur mechanischen Ausschaltung des Indexfehlers können immer dann angewendet werden, wenn der Indexfehler unter +/– drei Minuten zeigt. Übersteigt er die wesentlich, dann muss er mithilfe der seitlichen Schraube auf der Rückseite des Horizontspiegels (das ist meist der runde, also nicht der viereckige Spiegel auf dem beweglichen Arm, der Alhidade) beseitigt werden.

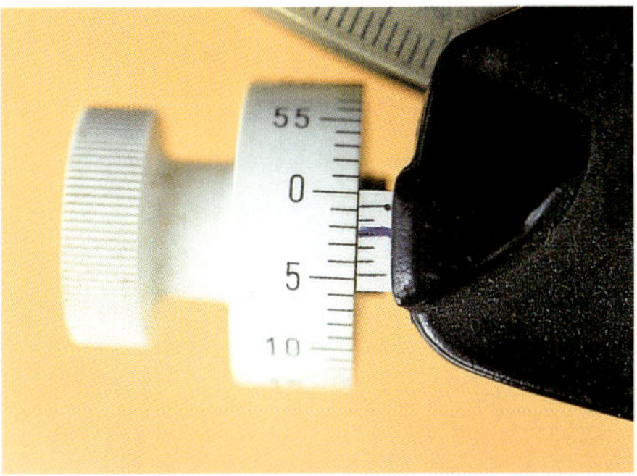

Erhält der Navigator bei der Horizontmessung eine solche Trommelstellung, dann liegt ein Indexfehler von 2 Minuten vor, sonst würden sich ja Nullpunkt und »0 Minuten« gegenüberstehen. Mit einer Filzstiftmarkierung wird ein neuer Nullpunkt geschaffen. Wird an diesem in Zukunft die Messung abgelesen, ist der Indexfehler eliminiert.

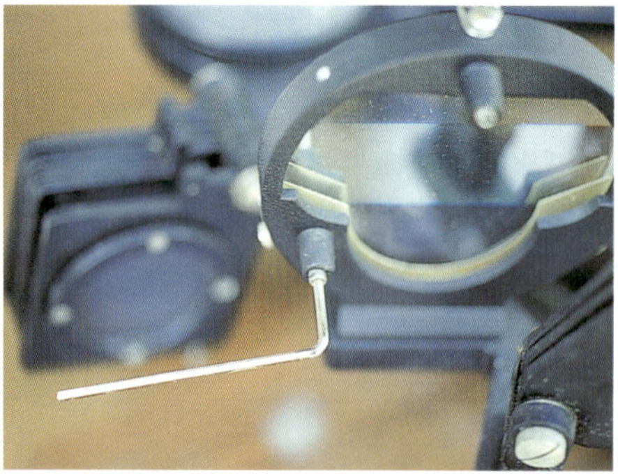

Mit dieser Schraube wird der Indexfehler beseitigt, wenn er zu groß, zum Beispiel über vier Minuten, wird.

● Kippfehler

Die sogenannten Kippfehler am Sextanten haben auf die Messgenauigkeit keinen sehr großen Einfluss, sollten aber von Zeit zu Zeit nachgeprüft und durch Neujustierung beseitigt werden. Es handelt sich hierbei um so genannte »kleine Fehler«, die auch mit Bordmitteln leicht »wegjustiert« werden können. Die Angst ist unbegründet, dass man durch Nachjustierung der Schrauben auf der Rückseite der Spiegel das gesamte Präzisionsmessgerät »Sextant« aus der Bahn werfen könnte, sodass gerade auf Langtörns sich schon eine gelegentliche(!) Nachjustierung empfiehlt. Zu häufiges und damit überflüssiges Herumspielen an den Schrauben tut diesen jedoch nicht besonders gut.

a) Kippfehler am Indexspiegel

Zu seiner Feststellung wird der bewegliche Arm des Sextanten, die Alhidade, ungefähr in die Mitte der Skala gestellt. Wenn man nun an der inneren Kante des viereckigen Indexspiegels vorbei auf den Gradbogen dergestalt blickt, dann sieht man einen gespiegelten und einen ungespiegelten Teil des Gradbogens. Ist der Gradbogen ungebrochen zu sehen, so liegt kein Fehler des

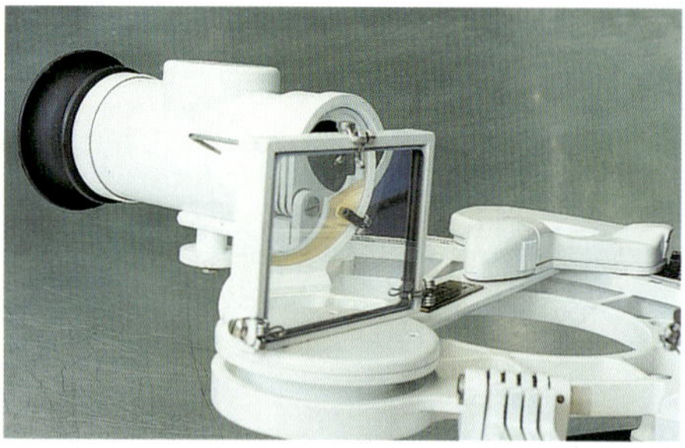

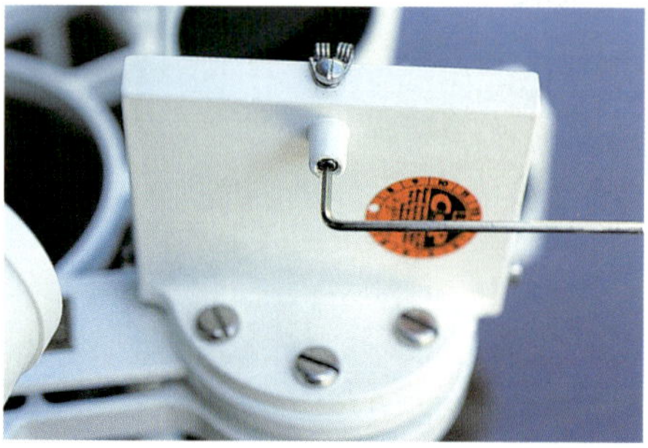

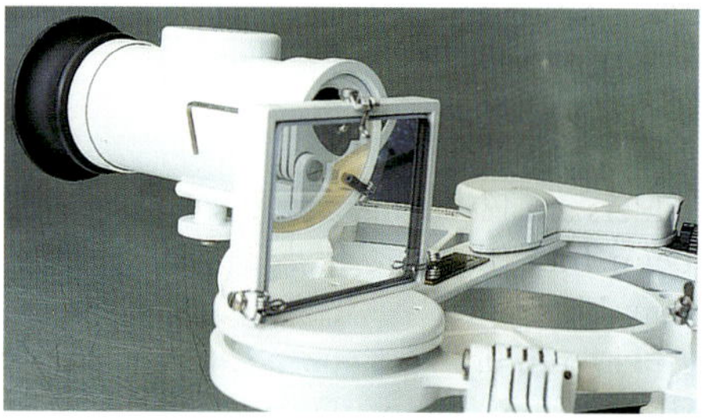

Der Gradbogen des Sextanten zeigt im ungespiegelten Teil und im Spiegelbild eine leichte Treppe – ein Kippfehler am Indexspiegel liegt vor (oben).

Diese Schraube (Mitte) wird vorsichtig so lange gedreht, bis der Gradbogen ungebrochen ist (unten).

Indexspiegels vor. Bei einer »Stufe« sollte dieser Kippfehler durch vorsichtiges Schrauben mit dem mitgelieferten Inbusschlüssel an der Oberseite des Indexspiegels eliminiert werden.

b) Kippfehler am Horizontspiegel

Die Vorbereitung zur Feststellung des Kipp-

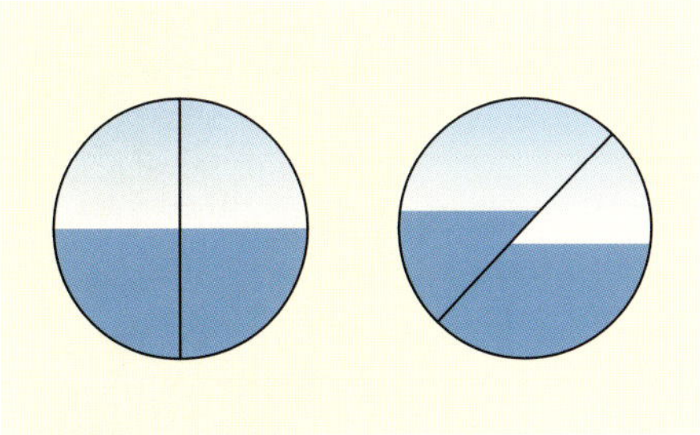

Kippfehler des Horizontspiegels

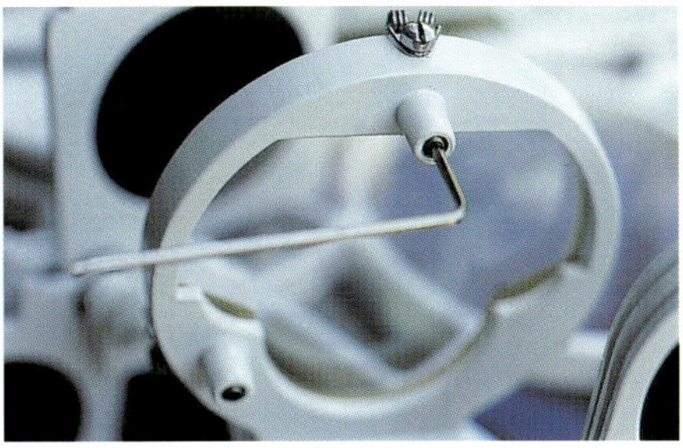

Hier wird der Kippfehler am Horizontspiegel wegjustiert.

fehlers am Horizontspiegel ist ähnlich wie beim Indexfehler. Die Alhidade wird auf den Nullpunkt gestellt und dann beim Anvisieren des Horizonts beide Bildseiten so eingestellt, dass der Horizont eine durchgehende Linie zwischen dem gespiegelten und dem ungespiegelten Bild zeigt. Jetzt wird der Sextant bei gleichzeitigem Anvisieren des Horizonts um 30 bis 45 Grad um seine Fernrohrachse geschwenkt. Liegt kein Kippfehler des Horizontfehlers vor, bilden die beiden Horizontbilder zusammen weiterhin eine durchgehende Linie. Wenn es aber beim Schwenken zu einem »Versatz« kommt, sollte der Kippfehler durch Verstellen der oberen Inbusschraube am Horizontspiegel rausjustiert werden.

Immer wenn Schrauben an der Spiegelrückseite verstellt wurden, muss der Sextant noch einmal auf die restlichen Fehler hin überprüft werden.

Sextanten zum Üben und Lernen

Allen preiswerten Übungssextanten ist gleich, dass mit ihnen Messungen schwieriger sind als mit den teuren Präzisionssextanten. Trotzdem, für den, der sich erst entscheiden will, ob er genügend Freude an diesem Hobby hat, sodass sich die große Ausgabe für einen Metallsextanten lohnt, ist

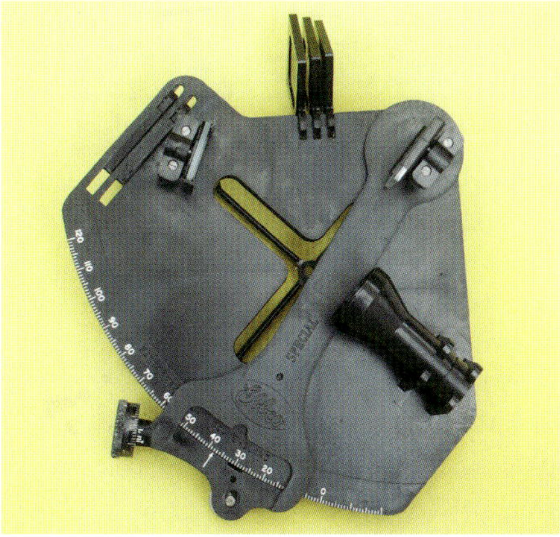

Sehr preiswerter Plastiksextant zum Üben. Taugt auch für den Notfall, wenn zum Beispiel das GPS ausfällt.

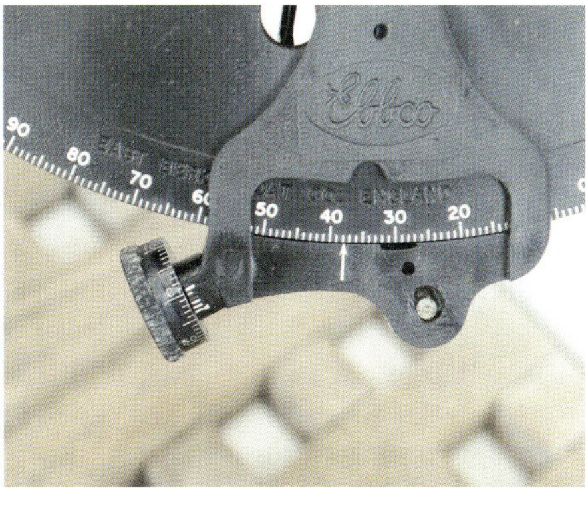

Dieser billige Plastiksextant ist sogar als Trommelsextant ausgebildet, was ihn in der Handhabung erheblich bequemer macht als ein Nonius-Sextant. An der bescheidenen Messgenauigkeit ändert der Umstand aber nichts.

ein Übungssextant der richtige Einstieg. Plastiksextanten haben sich hier durchaus bewährt, vor allem, weil sie mechanisch ziemlich unempfindlich sind. Einige von ihnen sind allerdings schon so gut ausgestattet und damit teurer geworden, dass ihr einstiger Trumpf, der äußerst niedrige Preis, nicht mehr sticht.

Der Vorteil von Plastiksextanten ist ihre Unempfindlichkeit gegenüber äußeren Einflüssen. Sogar einen Salzwasserschwall können sie ab. Man sollte sich aber beim Einsatz eines Plastiksextanten immer bewusst sein, dass seine bauartbedingte Messgenauigkeit nicht zuverlässiger als 10 bis 20 Meilen sein kann. Dies aber reicht bei entsprechender Vorsicht für den Landfall in Westindien nach einer Atlantiküberquerung.

Die größte Fehlerquelle ist der Navigator

Die größten Ungenauigkeiten in der gesamten astronomischen Navigation rühren aus dem Umstand, dass der Navigator im Zeitpunkt der Messung zwar glaubt, den richtigen Winkel zwischen Kimm und Gestirn gemessen zu haben, er aber genau in dieser Sekunde den Sextanten nicht exakt senkrecht gehalten hat. Logisch, dass sich dann ein etwas größerer Winkel ergibt, denn es wurde ja nicht der Winkel zwischen dem Gestirn und dem genau senkrecht darunter liegenden Punkt auf der Kimm, sondern der Winkel mit einem anderen Punkt auf der Kimm gemessen.

Niemandem ist es möglich, an Bord den Sextanten zuverlässig genau senkrecht, also lotrecht zu halten. Auf einem schwankenden Schiff sind auch Wasserwaagen, Pendel oder ähnliche »Patente« zur Ermittlung der Senkrechten völlig untauglich. Man hilft sich dadurch, dass der Sextant langsam um seine Fernrohrachse geschwenkt wird. Bei ein wenig Übung sieht der Navigator im Fernrohr die Sonne einen Bogen am Horizont entlang beschreiben. Der Winkel im Sextanten ist nur dann richtig eingestellt, wenn die Sonne gerade den Horizont am tiefsten Punkt des Bogens »küsst«. Die linke Hand des Navigators muss somit die Trommel des Sextanten bewegen, während

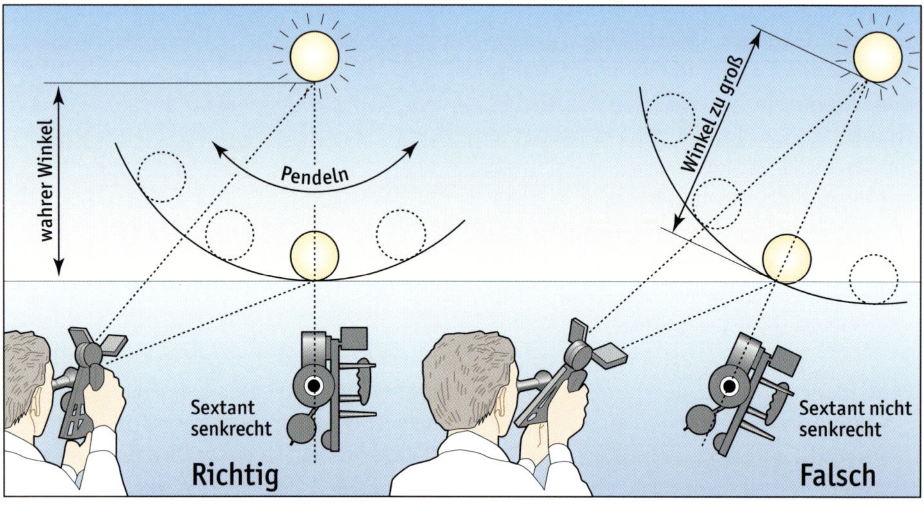

die rechte Hand am Handgriff den Sextanten schwenkt und damit den Bogen der Sonne über den Horizont verursacht. Immer wieder kann man es erleben, dass der Anfänger sich dadurch selbst betrügt, dass er die Sonne irgendwie auf den Horizont setzt und dann schnell dem Partner, der die Uhrzeit abliest oder mitstoppt, zuruft: »Jeetzt!« Eine Messung, die sozusagen nur eine Momentaufnahme der Sonne in Horizont-Nähe ist und nicht aus einem Bogen herausgenommen wurde, ist absolut wertlos. Sie kann bis zu 30 Seemeilen falsch sein.

Solche Anfängerfehler haben die Skipper der fünf Yachten auf Seite 74/75 natürlich nicht gemacht. Als Schiffsorte stellten sie nämlich fest:

1) 1. Standlinie:	Grt: 24°58,6'
	Declination: 11°33' N
	LHA: 333°
Rechenort:	40°N, 51°58,6' W
2. Standlinie:	Grt: 55°36,1'
	Declination: 11°32' N
	LHA: 4°
Rechenort:	40°N, 51°36,1' W
Versegelung:	100°, 14 Seemeilen
Position:	40°17'N/51°47' W

2) 1. Standlinie:	Grt: 160°34,7'
	Declination: 9°03' N
	LHA: 328°
Rechenort:	41°N, 167°25,3' E
2. Standlinie:	= Mittagsbreite: 41°13' N
	(Declination: 9°06' N)
Position:	41°13' N/167°50' E

3) 1. Messung:	14-12-16	
2. Messung:	+ 16-16-30	
	30-28-46	: 2
Mittagszeit:	15-14-23	
Grt um 15 UT1	:	44°53,9'
Zuwachs:		+ 03°35,8'
Länge:		48°29,7' W

Standlinie um 16 h 16 m 30 s UT1:

	Grt: 64°01,5'
	Declination: 9°19' N
LHA:	16°00,0'
Rechenort:	41°N, 48°01,5' W
Position:	40°54'N/48°30' W

4) 1. Standlinie:	Grt: 145°02,8'
	Declination: 11°06' N
LHA:	336°
Rechenort:	40°N, 169°, 02,8' W
2. Standlinie:	Grt: 175°44,1'
	Declination: 11°05' N
LHA:	6°
Rechenort:	40°N, 169° 44,1' W
Versegelung:	94°, 15 Seemeilen
Position:	40°05'N/169°42' W

5) 1. Standlinie:	Grt: 55°50,6'
	Declination: 08°57' N
LHA:	25°
Rechenort:	41°N, 30°50,6' W
2. Standlinie:	Grt: 78°22,7'
	Declination: 08°59' N
LHA:	48°
Rechenort:	41°N, 30°22,7' W
Versegelung:	290°, 10 Seemeilen
Position:	41°37' N/31°21' W

Es gibt eine simple Methode, wie ohne große Rechnereien jeder Navigator sich auf seine Messgenauigkeit hin überprüfen kann. Man messe vormittags oder nachmittags, wenn also die Sonne steigt oder sinkt, in beliebigen Zeitabständen den Winkel zwischen Kimm und Sonnenunterrand und verarbeite die Messung ganz einfach grafisch. Bei einem geübten Navigator werden die Messungen möglichst auf einer Linie liegen.

Über die Messgenauigkeit mit einem guten Sextanten ist schon recht viel diskutiert worden. Eigenartigerweise finden sich unter den Yachtskippern immer wieder ganz tolle Hechte, die die Sonne auch bei rauer See mit einer Genauigkeit von einer halben Minute sicher auf den Horizont herunterholen. Hier handelt es sich schlicht und einfach um Seemannsgarn oder um unwahrscheinliche Zufallstreffer. Die Großschifffahrt zum Beispiel geht von einer Zuverlässigkeit von zwei Seemeilen aus. Nach meinen Beobachtungen muss mit folgenden Ungenauigkeiten gerechnet werden:

	Anfänger *	Geübte	Könner
Flaute	±5'	±2'	±1'
Mäßige See	±7'	±3'	±2'
Hartes Wetter	keine Messung möglich	±5'	±4'

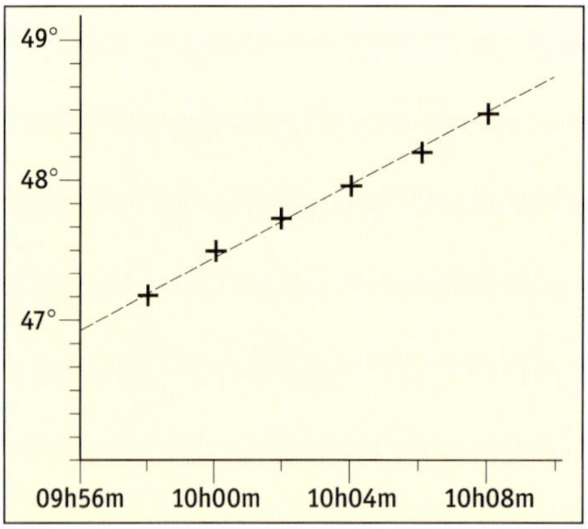

Könner

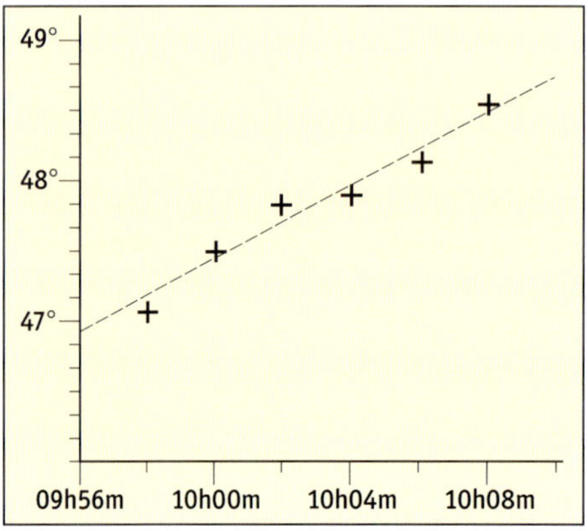

Anfänger

Ein Dutzend Tipps für den Umgang mit dem Sextanten:

1. Der Sextant muss immer in seinem Kasten beziehungsweise in einer speziellen Halterung aufbewahrt werden. Auf keinen Fall ist er ein Spielzeug für Badegäste.
2. Er soll nie am Gradbogen, Spiegel oder Fernrohr, sondern nur am Griff getragen werden.
3. Der beste Platz zum Messen ist der Niedergang oder das Kajütdach. Man stütze sich so ab, dass der Oberkörper und beide Hände frei beweglich bleiben.
4. Man gehe nach Möglichkeit auf Vorwindkurs; die Schiffsbewegungen sind dann am ruhigsten.
5. Man verwende ein so schwaches Schattenglas wie möglich. Die Scheibe der Sonne soll auch in der unverspiegelten Hälfte des Sextanten zu »ahnen« sein (gilt nicht bei einem Vollsichtspiegel).
6. Bei bewölktem Himmel darf die Sonne nur gemessen werden, wenn ihr Rand klar zu erkennen ist. Wird nur die helle Stelle in den Wolken gemessen, ergibt das grobe Fehler.
7. Bei bewegter See messe man nur vom Wellenberg. Zusatzberichtigung für höhere Augeshöhe wäre falsch, weil sich die Kimm aus gleich hohen Seen zusammensetzt.

---

* Aus einem Atlantiktörnbericht des hochseeerfahrenen B-Schein-Inhabers Hans von Hirschhausen:
»Samstag gibt Theo uns erstmals seinen Sextanten in die Hand. Wir wollen jeder die Sonne schießen. Gar nicht so leicht bei dem Seegang. Mal habe ich die Sonne drin, mal die Kimm. Beim langgedehnten Ruf »Jetzt!« des Rudergängers ist wieder alles zu spät. Es will mir einfach nicht glücken, die Sonne auf die Kimm zu setzen, obwohl es bei Theo doch so einfach aussieht. Dann soll ich den Sextanten auch noch schwenken, damit er im entscheidenden Moment im Lot ist, das ist für den Anfang zu viel. Dennoch habe ich Glück mit meiner Ablesung, wie es sich beim Ausrechnen der Standlinie zeigt. Sie liegt nur 6 sm nördlicher als die des Skippers.«

8. Keine Winkel unter 20° verwenden (unberechenbare Lichtbrechung)!
9. Keine Winkel über 80° verwenden! Der Kreis um den Bildpunkt wäre so klein, dass die Standlinie zu viel Krümmung hätte und in der Praxis nicht mehr als Gerade angesehen werden kann.
10. Kommt Salzwasser an den Sextanten, reinige man ihn sogleich (vorsichtig) mit Süßwasser, das gründlich abgetrocknet wird.
11. Auf langen Törns – vor allem in den Tropen – hole man im Hafen den Sextanten öfter aus seinem Kasten an das Tageslicht. Spiegel und Optik sind sonst durch Pilze gefährdet – UV-Licht tötet sie ab. Batterien für die Beleuchtung sollte man mindestens jedes Jahr auswechseln!
12. Man mache es sich zur Gewohnheit, beim Zurücklegen des Sextanten in den Kasten den gemessenen Winkel nicht mehr zu verändern. Bei »komischen« Rechenergebnissen ist so die Frage nach einem Ablesefehler leicht zu beantworten.

XIX. Die Sonne ist das tägliche Brot des Navigators

Wird astronomisch navigiert, so bei echten Blauwasserfahrten, benutzt der Skipper fast ausschließlich die Sonne allein. Neben einer Messung vor Mittag wird als zweite Standlinie hierzu nahezu ausschließlich die Mittagsbreite verwendet, selbst in der Großschifffahrt. Die erste Standlinie vom Vormittag soll mindestens eine Stunde vor der Mittagsbreite genommen werden, damit sich die beiden Azimute deutlich unterscheiden und einen guten Schnittpunkt ergeben. Diese Zeiträume hängen jedoch auch von der Declination und von der Schiffsbreite ab. Wenn man davon ausgeht, dass sich für ein gutes Fix zwei Standlinien möglichst unter einem Winkel von mindestens 30° schneiden sollen, so können wir mit einem Blick in die betreffende Seite der PUB.NO.249 feststellen, wann der faule Navigator sich spätestens aus seiner Koje erheben muss, um eine Vormittagsstandlinie zu schießen. Am 23.8.2000 beträgt die Declination um die Mittagszeit ca. 11°15'. Wir brauchen also – angenommen, wir befinden uns auf 40° N – in der Anlage 1 lediglich in die 11°-Spalte einzugehen und uns die einmal anzusehen. Nachdem bei der Mittagsbreite Schiff und Sonnenbildpunkt genau auf gleicher Länge liegen (Seite 27), besteht kein Längenunterschied mehr zwischen Schiffslänge und Greenwichwinkel. Der LHA ist demnach 0°, was wir auch sofort daran erkennen, dass das Azimut, also die Richtung zur Sonne, genau 180° (= Süden) beträgt. Nun gehen wir einfach in der 11°-Spalte runter, bis wir auf ein Azimut von weniger als 150° kommen; das ist bereits bei einem LHA von 17°, beziehungsweise 343° der Fall. Der Navigator sollte also die Sonne spätestens dann messen, wenn der LHA ca. 17° weniger beträgt. Wie viel Zeit ist das aber?
Bekanntlich ist der LHA der Längenunterschied vom Schiffsort zum Bildpunkt

Diese Sonne kann gerade noch gemessen werden.

Hier kann nur – vorsichtig – der Oberrand der Sonne verwertet werden.

(immer vom Schiffsort nach Westen gerechnet). Nachdem sich vormittags die Sonne immer östlich vom Schiff befindet, die Sonne also um die Erde rum dem Schiffsort »davonläuft« (bis sie mittags das Schiff wieder »eingeholt« hat), verändert sich der LHA mit der Geschwindigkeit der Sonne um die Erde. Diese Überlegung hatten wir schon ganz zu Beginn bei der Erklärung des Greenwichwinkels (Seite 20). 360° um die Erde schafft die Sonne in 24 Stunden, also rast sie in einer Stunde über 15 Längengrade. Wenn wir nun davon ausgehen, dass sich praktisch der Schiffsort im Vergleich zum Sonnenbildpunkt in der Länge nicht verändert (das Schiff hat höchstens eine Geschwindigkeit von 8 kn, der Sonnenbildpunkt kann dagegen eine Geschwindigkeit von 900 kn haben), dann lässt sich leicht im Kopf ausrechnen, dass der LHA für einen Grad genau 4 Minuten benötigt. Bei einem LHA von 343° benötigt die Sonne also noch 68 Minuten (17 x 4), um auf die Schiffslänge (LHA = 360° oder 0°) zu kommen. Wenn wir also zwei Azimute von mindestens 30° haben wollen, müssen wir den Navigator mindestens 68 Minuten vor Schiffsmittag aus der Koje scheuchen. Natürlich wird man diese lässige Art der Navigation nur dann so betreiben, wenn man sicher sein kann, dass die Sonne tatsächlich immer zu messen ist. Bei bedecktem Himmel ist es ratsam, vorsichtshalber schon am frühen Morgen eine Sonnenhöhe zu nehmen, die man ja nicht auszurechnen braucht. Fällt aber dann eine weitere Vormittagsstandlinie oder gar die Mittagsbreite mangels Sichtbarkeit der Sonne aus, so hat man zumindest eine Standlinie in Reserve. Übrigens sind die Tage, an denen man mit der Sonne allein zu keinem Schiffsort kommen kann, ausgesprochen selten. Befürchtet man einen bedeckten Himmel, so muss der Rudergänger von vornherein den Himmel beobachten und, wann immer er auch die Sonne als deutliche Scheibe hinter den Wolkenfetzen erkennt, den Navigator rausholen. Oft kommt die Sonne nämlich nur für Sekunden am Tag zum Vorschein. (Siehe Fotos von Seite 84 und unten, die alle innerhalb 20 Sekunden an einem »grauen« Regentag gemacht wurden.)

Ganz gefährlich! Diese »Sonne« darf auf keinen Fall verwendet werden, denn sie ist nicht zu sehen. Erhebliche Fehler sind wahrscheinlich.

Hier neigt man dazu, die Sonne »zu sehen«. Sie ist nicht unbedingt da, wo es am hellsten ist. Solange kein scharfer Rand wahrgenommen wird, kann sie auch nicht gemessen werden.

XX. Die Sonne ist der beste Kompass

Ganz zu Beginn wurde schon gesagt, dass die Sonne an Schiffsmittag genau rechtweisend 180° oder, wenn sich das Schiff sehr weit im Süden befindet, 360° peilt. Wenn wir also zum Beispiel bei der Messung einer Sonnenstandlinie gleichzeitig über den Kompass die Sonne anpeilen, so ergibt ein Vergleich des Azimuts (rechtweisende Peilung) mit dieser Kompasspeilung (selbstverständlich nach Berücksichtigung der Missweisung des betreffenden Gebietes) genau die Ablenkung des Kompasses. Sehen wir uns noch einmal in Anlage 1 die 11°-Spalte (Declination) bei einer Breite von 40° an: Vormittags – wenn die Sonne sich also anschickt, uns bis mittags einzuholen – betragen die LHAs in jedem Falle über 180°, sodass in der 23°-Spalte die verschiedenen Azimute direkt abgelesen werden können (Regel in Anlage 1 links oben). Bei einem LHA von 320° steigt mit jedem Grad LHA das Azimut ziemlich gleichmäßig auch ungefähr um einen Grad. Die rechtweisende Peilung zur Sonne ändert sich also alle 4 Minuten lediglich um einen einzigen Grad. Kurz vor dem LHA von 360° ändert sich das Azimut allerdings schneller; in 4 Minuten um 2 Grad. Abgesehen von der Höhe der Sonne um die Mittagszeit eignen sich deshalb die Vormittags- und Nachmittagszeiten wegen des sich langsamer ändernden Azimuts besser für gelegentliche Kompasskontrollen.

Mithilfe der Sonne können auch ganze Steuertafeln aufgestellt werden. Das hört sich sehr kompliziert an, ist aber in Wirklichkeit viel einfacher als die Erstellung einer Steuertafel mithilfe von terrestrischen Peilungen.

Das Ganze spielt sich in der Praxis ungefähr so ab: Bei einem Kugelkompass wird die Sonne über eine Peilscheibe angepeilt. Bei einem flachen Kompass (Sestrel Moore) kann der Navigator mit einem Schattenstift sehr genau die Sonnenpeilung ablesen. Gleichzeitig werden Kompasskurs, Sonnenpeilung und die minutengenaue Zeit notiert. Selbstverständlich benötigen wir hier nicht mehr die sekundengenaue Zeit wie bei einer Sonnenstandlinie. In der PUB.NO.249 ist ja leicht zu erkennen, dass sich die Azimute vormittags alle 4 Minuten (=1° LHA) um höchstens 1° ändern.

Ein praktisches Beispiel: Am 23.8.2000 befindet sich die Yacht NORDWIND auf 41°19' N und 29°57' W. Um 9 h 45 m UT1 peilt die Sonne am Schattenstift des Kompasses mit genau 109°, während ein Kompasskurs von 310° gesteuert wird. Wie groß ist die Ablenkung bei einem Kompasskurs von 310°, wenn die Missweisung in diesem Gebiet –7° beträgt?

Der Rechenvorgang ist nun viel einfacher als bei der Berechnung einer Standlinie. Denn uns interessiert ja nicht mehr der berechnete Winkel (Hc), sondern allein das Azimut, also die rechtweisende Peilung zur Sonne. Trotzdem müssen aber die Eingänge in die PUB.NO.249 gefunden werden. Nicht mehr brauchen wir uns aber um den Rechenort zu kümmern. Also:

1. Wie lautet die ganzgradige Breite?
   Antwort: 41°
2. Welche Declinationsspalte wird benutzt?
   Antwort: 11°
3. Mit welchem LHA müssen wir in die PUB.NO.249?
   Antwort:

Grt	314°22,0'
Zuwachs	+ 11°15,0'
Bildpunktlänge	325°37,0'
	– 29°57,0'
LHA	295°40,0'
	= 296° aufgerundet

Damit haben wir die drei Eingänge für die PUB.NO.249 zusammen und finden in Anlage 2 ein Azimut von 99°.
Die Ablenkung ergibt sich dann ganz einfach:

Kompasspeilung	109°
Missweisung	–7°
	102°
rechtweisende Peilung	–99°
Ablenkung	03°

Wenn die Steuertafel also noch stimmt, muss in ihr bei Kompasskurs 310° eine Ablenkung von –3° zu finden sein.
Manch einer wird jetzt von dem Gedanken abgeschreckt sein, bei der Erstellung einer Steuertafel 36-mal das Azimut ausrechnen zu müssen. Dies ist aber nicht nötig.
Denn: Aus der PUB.NO.249 können wir das Azimut ja ohnehin nur für alle 4 Minuten herauslesen (was nicht weiter schlimm ist, denn das Azimut ändert sich nur langsam). Das machen wir uns zunutze: Um 9 h 45 m haben wir einen LHA von genau 295°40,0' bekommen, den wir auf 296° aufgerundet haben. Noch 1 Minute vorher, also um 9 h 44 m, hätte der LHA nur 295°25,0' betragen, denn die Sonne »macht« in einer Zeitminute ja 15 Winkelminuten. 1 Minute vorher hätten wir demnach den LHA noch abrunden müssen, sodass wir mit 295° in die Tafel gegangen wären. Wenn wir also berücksichtigen, dass 1° LHA 4 Zeitminuten dauert, können wir sagen:

Uhrzeit	LHA	Azimut
9 h 44 m	295°	98°
ab 9 h 48 m	296°	99°
ab 9 h 52 m	297°	100°
ab 9 h 56 m	298°	100°
usw. usw.		

So lässt sich mit einem Blick sagen: Um 9 h 45 m peilt die Sonne mit 98°, um 9 h 51 m mit 99° usw.
Dieses System reicht für praktische Zwecke durchaus aus. Natürlich kommt hier ab und zu eine Ungenauigkeit von 1° in der rechtweisenden Peilung schon dadurch herein, dass die Zeiten nur minutengenau genommen werden. Dies spielt aber im Endeffekt keine große Rolle, weil eine größere Genauigkeit schon aufgrund von Peilfehlern und dem Schleppfehler des Kompasses kaum erzielt werden kann. Im Übrigen lässt sich die Genauigkeit auch dadurch erhöhen, dass die Sonne am frühen Morgen oder am späten Nachmittag gepeilt wird.

Vorteile der »astronomischen Steuertafel« gegenüber der terrestrischen:

1. Man benötigt keine spezielle Landmarke zum Peilen; die Sonne ist immer da.

2. Bei der terrestrischen Steuertafel sollte der Schwojkreis möglichst nicht größer sein als ein paar Meter (hängt ab von der Entfernung der Peilmarke); bei der astronomischen Steuertafel kann man Kreise in beliebiger Größe fahren.

3. Bei der terrestrischen Steuertafel muss der Schiffsort exakt bekannt sein; bei der astronomischen Steuertafel genügt der gegisste Schiffsort.

4. Peilungen mit einem Schattenstift sind genauer als Peilungen mit einem Diopter.

5. Fast immer sind Peilungen der Sonne mit dem Steuerkompass selber möglich, während oft Landmarken von Aufbauten um den Kompass herum verdeckt sind.

6. Ohne »Mehraufwand« sind Deviationskontrollen anlässlich einer Sonnenmessung möglich.

XXI. Der Mond

Um es gleich vorwegzunehmen: Der Mond ist eine erstklassige Navigationshilfe. Allerdings – und das ist außerordentlich wichtig – kann der Mond in der Nacht im Allgemeinen nicht verwendet werden. Hiervor kann man nicht eindringlich genug warnen, denn:

Der Mond strahlt zur Nachtzeit so hell, dass die darunter liegende Kimm überstrahlt wird. Das, was wir nachts für die Mondkimm halten, ist ein angestrahlter Teil der Wasseroberfläche weit vor der eigentlichen Kimm. Da die Mondkimm zur Nachtzeit gar nicht beobachtet werden kann, ist es unmöglich, den Winkel Mond – Beobachter – Kimm zu messen.

Dagegen gibt der Mond untertags eine ideale Standlinie, wenn nicht gerade Vollmond oder Neumond herrscht. Bei Neumond können wir ihn nämlich mangels Beleuchtung durch die Sonne nicht sehen, und bei Vollmond steht er – von der Erde aus gesehen – der Sonne genau gegenüber. Die rechtweisenden Peilungen zur Sonne und zum Mond unterscheiden sich dann um nahezu 180°, sodass wir daraus keinen Schnittpunkt für einen Schiffsort gewinnen können.

Ansonsten hat der Mond sogar der Sonne gegenüber den großen Vorteil, dass er untertags weder den Beobachter blendet (sodass keine Schattengläser benutzt werden müssen) noch den Horizont überblendet, was bei der Sonne gelegentlich vorkommen kann.

Die Berechnung einer Mondstandlinie ist nahezu genauso einfach wie die einer Sonnenstandlinie. Sie unterscheiden sich lediglich in zwei Punkten:

1. Die Ermittlung der Gesamtbeschickung (Gb) ist wegen der wesentlich kürzeren – und wechselnden – Entfernung Erde – Mond ein wenig umständlicher als bei der Sonne.

2. Etwas umständlicher ist auch die Berechnung der Bildpunktkoordinaten.

   a) Die Breite des Mondbildpunktes ändert sich viel schneller als beispielsweise die Declination (Bildpunktbreite) der Sonne, die wir deshalb zwischen den vollen Stunden ruhig »über den Daumen peilen« konnten.
   b) Die Bildpunktgeschwindigkeit um die Erde ist bei Weitem nicht so regelmäßig wie die der Sonne, die ziemlich genau 15° je Stunde oder 360° am Tag beträgt.

Ansonsten gibt es keinen Unterschied zwischen der Berechnung einer Mondstandlinie und der Berechnung einer Sonnenstandlinie.

Wie bei der Sonnenstandlinie werden als Eingänge in die PUB.NO.249 benötigt:

- Die auf volle Grad ab- oder aufgerundete Breite.
- Die ganzgradige Bildpunktbreite (Declination).
- Der auf volle Grad auf- oder abgerundete LHA.

Anschließend wird die Verbesserung für die Minuten der Bildpunktbreite mit Hc angebracht und dieser Wert Hc mit der gemessenen Mondhöhe (nach Anbringung der Gb) verglichen, um so den Unterschied zu finden, um den das Schiff näher am Mondbildpunkt dran oder weiter davon entfernt ist.

Die Gesamtbeschickung

(Anlage 10)
Ein Blick in die Gesamtbeschickungstafel für den Mond aus dem N. J. (Anlage 10) zeigt schon, mit wie erheblichen Beträgen wir es zu tun haben (bis zu über 60'), sodass wir diese sehr genau feststellen müssen. Bei der Messung des Mondunterrandes haben wir nur zwei Eingänge in die Tafel, nämlich

- die Horizontparallaxe (HP) und
- den gemessenen Winkel (Kimmabstand).

Wir sollten uns nicht damit herumschlagen, nunmehr genau »Horizontparallaxe« zu erklären. Es reicht für die Bordpraxis durchaus, wenn wir wissen, dass es sich hier um eine Berücksichtigung der Entfernung Mond – Erde im Verhältnis zum Erddurchmesser handelt. Sie ist bei jedem Gestirn vorhanden, nur fällt sie mit wachsender Entfernung von der Erde immer weniger ins Gewicht. In der Anlage 6 (N. J.) können wir die HP bei der Venus noch mit 0,1, beim Mars mit 0,1 angegeben finden, während sie bei der Sonne schon gar nicht mehr angegeben ist. Beim Mond beträgt sie allerdings am 23.8.2000 um 4 h UT1 immerhin 58,7, um 12 h UT1 58,9 und um 20 h 59,2 (angegeben in der untersten Zeile der Spalte »Mond«).
Damit haben wir gleichzeitig den Eingang in die Gb-Tafel. Angenommen am 23.8.2000 um 10 Uhr 30 wird der Mondunterrand mit 44°49' gemessen. Wie groß ist die Gesamtbeschickung? (Jetzt bitte unbedingt die nächsten Zeilen »abarbeiten«, dann wird es schon wieder einfacher!)
In der Gb-Tafel (Anlage 10) finden sich für den Mondunterrand:

Kimmabstand	HP 58,5'	HP 59'
44°	+ 51,5'	52,0'
45°	+ 50,8'	51,3'

Genau genommen müsste mit obigen »Eckwerten« interpoliert werden, weil zunächst der Winkel von 44°49' zwischen 44° und 45° liegt. Das sähe dann so aus:

Kimmabstand	HP 58,5'	HP 59'
44°49'	51,0'	51,5'

Nun müsste weiter interpoliert werden, weil wir ja weder eine HP von 58,5' noch eine von 59' haben, sondern 58,9', was schließlich eine Gb von 51,4' ergibt.
Das ist der korrekte Weg zur genauen Gb für jene Nautiker, die der Meinung sind, sie könnten auf einer Yacht Gestirne auf eine halbe Minute genau messen. Ich kann das nicht, deshalb ist es für mich ausreichend, die Gb unter Berücksichtigung obiger Eckwerte über den Daumen zu peilen und anschließend auf ganze Minuten auf- oder abzurunden, was zu einer Gb von 51' führt.

Im Gegensatz zur Gb-Tafel der Sonne ist bei der Gb-Tafel für den Mondunterrand die Augeshöhe noch nicht berücksichtigt. Diese wird nach der Tabelle unten in der Anlage 10 noch angebracht und beträgt bei einer yachtüblichen Augeshöhe von zwei Metern abgerundet + 3'. Die endgültig berichtigte Mondhöhe im obigen Beispiel ist also:

		44°49'
Gb	+	51'
Augeshöhe	+	03'
		45°43'

Bei der Sonne wird man im Allgemeinen immer versuchen, den Sonnenunterrand zu messen, da dieser in 95 % aller Fälle viel besser im Sextanten wahrgenommen werden kann; zum Oberrand wird man nur dann greifen, wenn der Unterrand gerade von einem Wolkenfetzen verdeckt ist.

Beim Viertelmond ist man manchmal gezwungen, den Mondoberrand zu messen, weil eben nur dieser Rand sichtbar ist. In diesem Fall muss bei der Gb nach vorangegangenem Muster eine weitere Zusatzverbesserung abgezogen werden. Sie steht in der Anlage 10 am Ende der Haupttafel unter der jeweiligen Horizontparallaxe-Spalte. Wäre im obigen Beispiel der Mondoberrand gemessen worden, so müssten noch 29,7', also rund 30', abgezogen werden, sodass sich eine berichtigte Mondhöhe von

	45°43'
–	32'
	45°11'

ergibt.

Folgende Beispiele bitte ich unbedingt durchzurechnen:

Welche berichtigte Mondhöhe ergäbe sich, wenn Folgendes gemessen würde?

a) Am 22.8.00 um 11 h 24 m 44 s der Mondunterrand mit 23°31'.
b) Am 13.4.00 um 09 h 55 m 00 s der Mondoberrand mit 53°47'.
c) Am 12.4.00 um 19 h 43 m 25 s der Mondoberrand mit 61°44'.
d) Am 23.8.00 um 16 h 29 m 09 s der Mondunterrand mit 44°48'.

Der Mond ist am Tage ein ideales Gestirn für die astronomische Navigation. Hier kann nur (!) der Oberrand gemessen werden.

Die Ermittlung der Bildpunktkoordinaten des Mondes

Welche Bildpunktkoordinaten hat der Mond am 23.8.2000 um 11 h 15 m 20 s UT1?

a) Die Bildpunktbreite (Declination):
Das N. J. gibt auch für den Mond die Bildpunktkoordinaten für jede Stunde an. Am 23.8.2000 um 11 Uhr finden wir eine Bildpunktbreite (Anlage 6) von 18°13,2' N, um 12 Uhr wäre sie immerhin 18°20,5' N. Ein Blick lässt hier schon erkennen, dass sich in einer Stunde die Bildpunktbreite des Mondes wesentlich stärker ändert als zum Beispiel in der gleichen Zeit die Bildpunktbreite der Sonne, deren Änderung an diesem Tag in einer Stunde lediglich eine Minute beträgt. Wir können hier also nicht mehr wie bei der Sonne die Bildpunktbreite aus den beiden Eckwerten um 11 Uhr und um 12 Uhr »abschätzen«, sondern hier müssen wir schon genau rechnen. »Rechnen« ist allerdings etwas zu viel gesagt. Nicht einmal die Differenz zwischen 11 und 12 Uhr müssen wir nämlich ausrechnen, sondern sie steht in der Spalte »Unt« fertig mit 7,3' angegeben. Die Frage lautet also: Wenn sich die Breite in einer Stunde um 7,3' verändert, wie viel verändert sie sich dann in 15 Minuten?
Die Antwort gibt ebenfalls mit einem Blick die Schalttafel aus dem N. J. (Anlage 8). Für 15 Minuten ist in der Spalte »Unt« bei 7,3' (der nächste Wert in der Schalttafel ist 7,2') eine Verbesserung (»Vb«) von 1,9' fix und fertig angegeben. Dies gilt für alle 15-Minuten-Werte, da eine weitere Verbesserung für die einzelnen Sekunden keine wesentlichen Werte mehr ergeben würden; die Sekunden können also bei der Verbesserung für die Declination vergessen werden. So braucht nur noch die Verbesserung von 1,9' bei der Declination für 11 Uhr angebracht zu werden, damit die genaue Declination für 11 h 15 m feststeht. Hier heißt es aber aufpassen: Aus dem Vergleich der Declinationswerte für 11 Uhr und 12 Uhr lässt sich genau erkennen, dass die Declination »mehr« wird, also ansteigt. Das ist nicht immer so, sie kann sich auch verringern. Hier muss deshalb die Verbesserung der Declination für 11 Uhr zugezählt werden.

Declination	18°13,2' N
	+ 01,9' N
	18°15,1' N

Die »fertige« Declination von 18°15,1' N darf natürlich jetzt wieder ab- bzw. aufgerundet werden zu 18°15' N. Denn in die PUB.NO.249 gehen später bei der Verbesserung von Hc mit der Tafel 5 nur die ganzen Minuten der Declination ein.
Die berichtigten Winkel von Seite 90 lauteten übrigens:

a) 24°36' b) 54°02' c) 61°53' d) 45°43'

b) Der Greenwichwinkel (Bildpunktlänge) des Mondes: Bei der Sonne ist die Berechnung des Greenwichwinkels außerordentlich einfach, weil sie ja fast genau in einer Stunde 15° nach Westen zurücklegt. Da sich diese Geschwindigkeit kaum ändert, können wir bei der Sonne ohne weiteres für die Minuten und Sekunden den »Zuwachs« aus der Schalttafel (Anlagen 7/8) entnehmen, die für eine Sonnengeschwindigkeit von genau 15° pro Stunde berechnet ist. Beim Mond gibt es hier – scheinbar – Schwierigkeiten. Denn die Geschwindigkeit des Mondbildpunktes um die Erde ändert sich das ganze Jahr über. Seine langsamste Geschwindigkeit ist genau 14°19' in einer Stunde. Betrachten wir einmal die Strecke, die der Mondbildpunkt von 11 Uhr bis 12 Uhr UT1 am 23.8.2000 zurücklegt:

Bildpunktlänge um 12 Uhr:	83°16,3'
Bildpunktlänge um 11 Uhr:	68°49,9'
Differenz:	14°26,4'

Der Mond hat also am 23.8.2000 nicht seine Mindestgeschwindigkeit von 14°19', sondern er macht in einer Stunde 14°26,4' nach Westen gut. Er ist also um 7,4 Minuten schneller als seine Mindestgeschwindigkeit. Dies hätten wir übrigens gar nicht so mühsam auszurechnen brauchen, denn die Abweichung gegenüber der Mindestgeschwindigkeit ist in der Spalte »Unt« neben dem Grt fertig mit 7,4' angegeben. Die Spalte »Mond« in der Schalttafel (Anlage 7) ist nur genau auf die Mindestgeschwindigkeit des Mondes ausgerichtet. Wir benutzen diese Spalte in ähnlicher Weise wie bei der Sonne, doch bringen wir dann noch eine Zusatzverbesserung für den »Unt« gegenüber der Mindestgeschwindigkeit an. Diese Zusatzverbesserung finden wir in gleicher Weise wie vorher bei der Declination des Mondes auf der 15-Minuten-Seite mithilfe »Unt« in der Spalte »Vb«. Sie beträgt ca. 1,9'.

Die Bildpunktlänge des Mondes ist also für den 23.8.2000 um 11 h 15 m 20 s UT1 genau:

Grt für 11 Uhr UT1:	68°49,9'
»Zuwachs« aus 15-Minuten-Schalttafelseite aus Spalte »Mond« für 15 m 20 s	+ 3°39,5'
Zusatzverbesserung wegen des Unterschiedes gegenüber der Mindestgeschwindigkeit	+ 01,9'
	72°31,3'

Hier werden bei der Bildpunktberechnung des Mondes die meisten Fehler gemacht:

1. Ob die Verbesserung (»Vb«) bei der Declination abgezogen oder hinzugezählt wird, kann nur durch einen Vergleich der Declination der vorhergehenden und nachfolgenden vollen Stunde festgestellt werden. Steigen die Werte an, dann muss die Verbesserung hinzugezählt werden und umgekehrt.
2. Bei der Bildpunktlänge des Mondes muss zunächst der »Zuwachs« auf der Schalttafel immer hinzugezählt werden. Dabei ist darauf zu achten, dass nur die Spalte »Mond« benutzt wird. Zuletzt muss die Verbesserung immer hinzugezählt werden. Bei der Bildpunktlänge werden Zuwachs und Verbesserung also immer hinzugezählt.

Jetzt bereitet es sicher keine Schwierigkeiten mehr, folgende Bildpunktkoordinaten des Mondes auszurechnen:

a) 12.4.2000 um 09 h 14 m 22 s UT1

b) 13.4.2000 um 04 h 15 m 55 s UT1

c) 12.4.2000 um 23 h 43 m 06 s UT1

d) 23.8.2000 um 15 h 17 m 17 s UT1

e) 12.4.2000 um 04 h 45 m 19 s UT1

f) 22.8.2000 um 12 h 44 m 42 s UT1

Wenn die Bildpunktkoordinaten ermittelt sind und der Sextantwinkel der Mondmessung um die Gb berichtigt ist, unterscheidet sich eine Mondstandlinie in keiner Weise mehr von der Ausrechnung einer Sonnenstandlinie (Seite 62). Deshalb ist es jetzt ein Leichtes, in den folgenden Aufgaben mithilfe der »hausgemachten Seekarte« (Seite 68) gleich den jeweiligen Schiffsort festzustellen.

1. Am 23.8.2000 befindet sich die Yacht ANNAMARIA auf ca. 41°29' N und 54°53' W. Um 14h 14 m 32 s UT1 wird der Mondoberrand mit 33°20' und um 16 h 15 m 58 s der Sonnenunterrand mit 58°45' gemessen. Standort?

2. Am 13.4.2000 schätzt der Navigator der WANDERER V seinen Standort auf 40°15' N und 160°27' E. Der Wind ist eingeschlafen, die Yacht macht keine Fahrt mehr voraus. Um 3 h 42 m 19 s UT1 misst der Navigator den Sonnenunterrand mit 45°32' und um 4 h 42 m 55 s den Mondunterrand mit 29°30'.

3. Der gegisste Schiffsort von RAROIA war am 22.8.2000 39°51' N und 34°19' W. Um 11 h 43 m 55 s UT1 misst der Mondunterrand 33°05', während eine Messung des Sonnenunterrandes um 11 h 44 m 57 s am Sextanten 45°10' ergibt. Wo war der Schiffsort?

XXII. Planeten

Wenn am helllichten Tage am Himmel irgendwo ein »Stern« zu sehen ist, so handelt es sich mit Sicherheit um einen Planeten, höchstwahrscheinlich um die Venus oder den Mars. Wie gut sie sichtbar sind, hängt im Wesentlichen davon ab, wie weit sie von der Sonne entfernt sind. In jedem Fall aber ergeben sie gute Standlinien. Wenn der Navigator sehr gute Augen hat, so wird er die Venus sogar als winzige Scheibe erkennen können. Trotzdem versuche er nicht, den Venusunterrand auf die Kimm zu setzen, sondern lasse die Kimm durch dieses winzige Scheibchen hindurchlaufen. Dann entfällt nämlich bei der Festsetzung der Gb (Anlage 9) jegliche Zusatzbeschickung für die Horizontparallaxe – auch bei der Venus, wo die HP am größten sein kann. Ansonsten wird die Gb aus der Tafel (Anlage 9) wie bei der Sonne entnommen. Auf eines muss aber geachtet werden, und das gibt die Gb-Tafel für Fixsterne und Planeten nicht deutlich genug wieder:

> Alle Gb-Werte für Planeten und Fixsterne sind negativ, das heißt, sie müssen nach der Messung vom Sextantwinkel abgezogen werden (im Gegensatz zur Sonnen-Gb).

Die Gb-Tafel für Fixsterne und Planeten (Anlage 9) lässt sich auf gleiche Weise für die Praxis vereinfachen, wie wir das schon bei der Sonne gemacht haben (Seite 29). Wiederum legen wir eine yachtübliche Augeshöhe von 2 m zugrunde.

Das ergibt dann:

Kimmabstand	Augeshöhe 2 m
ab 18°	–5'
ab 26°	–4'
ab 45°	–3'

Die Ermittlung der Bildpunktkoordinaten von Planeten

a) Declination (Bildpunktbreite)
Wieder zeigt ein Blick in das N. J. für den 13. April 2000, dass bei der Declination δ der Planeten in gleicher Weise verfahren werden kann wie bei der Sonne. Ein Abschätzen zwischen den beiden Werten für die vollen Stunden vor und nach der Messung reicht durchaus aus.

b) Greenwichwinkel (Bildpunktlänge)
Auch das funktioniert wie bei der Sonne, wobei in der Schalttafel sogar die gleiche Spalte benutzt wird.
Ähnlich wie beim Mond muss bei den Planeten noch eine Zusatzverbesserung angebracht werden, da auch deren Bildpunktgeschwindigkeit um die Erde nicht ganz so gleichmäßig wie die der Sonne ist. Der Unterschied (»Unt«) gegenüber der Geschwindigkeit des Sonnenbildpunktes ist jeweils bei den Planeten unter der Spalte »Grt« abgedruckt, also beispielsweise am 13.4.2000 bei der Venus »–0,4«. Zusätzlich zum Zuwachs muss also dieser Unterschied als »Verbesserung«, die wir aus der betreffenden Minutenseite der Schalttafelspalte »Vb« mit diesen –0,4' gewinnen, hinzugezählt oder, je nach Vorzeichen, abgezogen werden. Man mag sich nun diese Verbesserung wegen ihrer Geringfügigkeit schenken, doch ist es ein reiner Zufall, dass sie in diesem Jahre bei der Venus so gering ist. Deshalb sollte man es sich angewöhnen, sie bei den Planeten und beim Mond immer zu berücksichtigen.

Beispiel für 13.4.2000 , 14 h 45 m 49 s UT1 – Venus

Declination:	1°57,8' N
Grt:	43°45,2'
Zuwachs:	+ 11°27,3'
Vb:	– 00,3'
Bildpunktlänge:	55°12,2'

Wie beim Mond ist die letzte Verbesserung in der Regel positiv und muss also hinzugezählt werden. Dass die Verbesserung negativ ist, also abgezogen werden muss, ergibt sich ausdrücklich aus dem Vorzeichen.

Welche Bildpunktkoordinaten haben am 22.8.2000:

a) die Venus um 16 h 44 m 32 s?

b) der Mars um 16 h 15 m 46 s?

c) der Jupiter um 21 h 45 m 23 s?

d) der Saturn um 22 h 16 m 01 s?

Die Bildpunktkoordinaten des Mondes von Seite 92 waren:

a)	Declination für 09 Uhr	19°42,1' N
	Unterschied:	– 1,2'
		19°40,9' N
	Grt für 09 Uhr:	210°09,4'
	Zuwachs:	+ 3°25,7'
	Verbesserung:	+ 1,6'
		213° 36,7'
b)	Declination für 04 Uhr	17°43,9' N
	Unterschied:	– 1,9'
	Declination:	17°42,0' N

Grt für 04 Uhr:		124°27,8'
Zuwachs:	+	3°47,9'
Verbesserung:	+	2,0'
Grt:		128° 17,7'

c)

Declination für 23 Uhr		18°19,0' N
Unterschied:	–	5,0'
Declination:		18°14,0' N

Grt für 23 Uhr:		52°14,5'
Zuwachs:	+	10°17,0'
Verbesserung:	+	5,4'
Grt:		62° 36,9'

d)

Declination für 15 Uhr		18°41,9' N
Unterschied:	+	2,0'
Declination:		18°43,9' N

Grt für 15 Uhr:		126°35,1'
Zuwachs:	+	4°07,4'
Verbesserung:	+	2,1'
Grt:		130° 44,6'

e)

Declination für 04 Uhr		20°06,1' N
Unterschied:	–	3,4'
Declination:		20°02,7' N

Grt für 04 Uhr:		138°01,6'
Zuwachs:	+	10°48,8'
Verbesserung:	+	5,0'
Grt:		148°55,4'

f)

Declination für 12 Uhr		14°58,1' N
Unterschied:	+	6,9'
Declination:		15°05,0' N

Grt für 12 Uhr:		96°18,3'
Zuwachs:	+	10°40,0'
Verbesserung:	+	6,9'
Grt:		107°05,2'

Die Schiffsorte von Seite 93 lauten:

1)

1. Standlinie:	Grt: 115°38,7'
	Declination: 18°37' N
	LHA: 61°
Rechenort:	41°N,54°38,7' W
	Gb: 29'
2. Standlinie:	Grt: 63°22,7'
	Declination: 11°11' N
	LHA: 8°
Rechenort:	41°N, 55°22,7' W
Position:	41°16'N/54°43' W

2)

1. Standlinie:	Grt: 235°26,8'
	Declination: 09°08' N
	LHA: 36°
Rechenort:	40°N,160°33,2' W
2. Standlinie:	Grt: 134°47,7'
	Declination: 17°39' N
	LHA: 295°
Rechenort:	40°N, 160°12,3' W
	Gb: 63'
Position:	39°36'N/160°37' E

3)

1. Standlinie:	Grt: 92°25,4'
	Declination: 14°56' N
	LHA: 58°
Rechenort:	40°N, 34°25,5' W
2. Standlinie:	Grt: 355°32,7'
	Declination: 11°35' N
	LHA: 321°
Rechenort:	40°N, 34°32,7' W
Position:	39°55'N/34°40' W

Der große Vorteil der Planeten, dass sie oft am Tage sichtbar sind und dann mit der Sonne zusammen gleich einen fertigen Schiffsort ergeben, stößt in der Praxis auf Schwierigkeiten. Selbst wenn man weiß, dass sie am Firmament irgendwo zu sehen sein müssten, sucht sich das Auge am Himmelsgewölbe müde, weil es den winzigen Lichtfleck einfach nicht finden kann. Die PUB.NO.249 hilft hier weiter.

Angenommen, die Yacht WINDSONG befindet sich am 12.4.2000 gegen 11 h 45 m UT1 ungefähr auf 40°00' N und 36°50' W. Der Skipper möchte eine Standlinie von der Venus nehmen, er kann sie jedoch nicht am Himmel entdecken. Nachdem er ungeübt ist und glaubt, für die Rechnerei ziemlich lange zu brauchen, möchte er ausrechnen, unter welchem Winkel und in welcher Richtung er die Venus in einer halben Stunde, also um 12 Uhr UT1, sehen wird. Der Gang dieser Rechnung ist einfach:

- Die Bildpunktkoordinaten für 12 Uhr UT1 werden festgelegt.
- Der LHA wird berechnet.
- Wie bei der Berechnung einer Sonnenstandlinie (siehe Seite 62) wird in die PUB.NO.249 eingegangen, um dort Azimut und Hc zu finden.

Also:

1. Bildpunktkoordinaten:

Declination	1°25,1' N
Grt	13°54,8'

2. LHA =

	13°54,8'
+	360°00,0'
	373°54,8'
–	36°50,0'
	337°04,8'
LHA ganzgradig	337°

3. Tafeleingang:

Declination:	1°25' N
Breite:	40°
LHA:	337°

Ergebnis	Hc: 45°45'	d: +54 Z: 146°
Verb. Tafel 5	Hc: 45°45'	
	+ 22'	
	46°07'	

Azimut = Z: also 146°

Wenn der Navigator also um ca. 12 Uhr UT1 bei einem eingestellten Winkel von 46°07' am Sextanten den Horizont in einer rechtweisenden Richtung von ca. 146° (Südosten) bestreicht, so wird er mit einiger Sicherheit bei klarem Himmel dort die winzige Scheibe der Venus entdecken. Möchte er noch etwas präziser arbeiten, so sollte er bei Hc zusätzlich noch die Gb anbringen. Aus der abgekürzten Gb-Tafel von Seite 94 ergibt sich ein Gb-Wert von abgerundet –3'. Weil dieses Vorzeichen dann gilt, wenn der gemessene Winkel berichtigt wird, der Navigator der OSTWIND aber im Moment den umgekehrten Weg rechnet, also den unberichtigten Sextantwinkel sucht, müssen diese 3' zu Hc von 46°07' hinzugezählt werden. Mit gutem Gewissen könnte der Navigator aber beim Suchen eines Sterns die Gb vernachlässigen, da das Blickfeld des Sextanten so groß ist, dass der Planet auch ohne Berücksichtigung der Gb auf dem Sextantspiegel auftauchen muss. So genau können wir ohnehin nicht vorausberechnen, da ja der genaue Standort unbekannt ist und wir nur für den gegissten Standort vorausberechnet haben.
Ist der Planet aber entdeckt, hat die Vorausberechnung ihren Zweck erfüllt. Der Planet wird dann in gleicher Weise gemessen und anschließend seine Standlinie ausgerechnet, wie wenn der Navigator ihn auch ohne Vorausberechnung entdeckt hätte.*

* Es ist durchaus möglich, Teile des Rechenganges zur Vorausberechnung von Hc später beim Berechnen der Standlinie zu verwenden und sich dadurch einen kleinen Teil der Arbeit zu ersparen. Ich rate jedoch insbesondere Anfängern davon ab, weil dies – wie ich aus praktischer Erfahrung weiß – zur Verwirrung führen kann.

Die Bildpunktkoordinaten von Seite 94 lauteten:

a)

Declination:	5°19,4' N
Grt:	40°19,0'
Zuwachs:	+ 11°08,0'
Vb:	– 0,3'
Bildpunktlänge:	51°26,7'

b)

Declination:	17°44,0' N
Grt:	74°33,1'
Zuwachs:	+ 3°56,5'
Vb:	+ 0,2'
Bildpunktlänge:	78°29,8'

c)

Declination:	20°55,7' N
Grt:	219°02,4'
Zuwachs:	+ 11°20,8'
Vb:	+ 1,6'
Bildpunktlänge:	230°24,8'

d)

Declination:	18°10,3' N
Grt:	242°35,6'
Zuwachs:	+ 4°00,3'
Vb:	+ 0,7'
Bildpunktlänge:	246°36,6'

1 Am 12.04.2000 segelt die FRABATO auf ca. 39°29' N und 132°59' W. Um 18 h 42 m 49 s UT1 wird der Mars mit 38°05' und um 18 h 44 m 17 s UT1 der Sonnenunterrand mit 47°40' gemessen. Schiffsort?

2 Am 23.8.2000 wird auf der THALASSA III (unsicherer Schiffsort: 41°20' N, 58°22' W), nachdem zwei Tage lang keine Gestirnshöhen möglich waren, die Venus mit 45°11' um 15h 14 m 13 s gemessen. Um 15 h 15 m 23 s folgt dann die Messung des Sonnenunterrandes mit 58°53'. Wie viele Seemeilen ist der tatsächliche Schiffsort vom gegissten entfernt?

3 Am 22.8.2000 befindet sich die ARD SCHOLAS auf ungefähr 40°49' N und 178°50' W. Bob »schießt« um 19 h 14 m 22 s UT1 den Mars mit 37°15' und um 19 h 15 m 41 s UT1 den Jupiter mit 66°41'. Welches Fix ergibt sich?

XXIII. Ausgewählte Fixsterne (Selected Stars)

Als ich fast vier Jahre lang um die Welt gesegelt bin und dabei ausschließlich auf hoher See astronomisch navigiert habe, verwendete ich folgende Standlinien:

etwa	400	Mittagsbreiten
etwa	800	»gewöhnliche« Sonnenstandlinien
etwa	100	Mondstandlinien
etwa	50	Planetenstandlinien
etwa	50	Standlinien von Fixsternen

Bei entsprechend übermäßiger Vorsicht könnte man auch um die Welt segeln, ohne jemals mit Sternen astronomisch arbeiten zu müssen. Tatsächlich gab es auch eine Reihe von Weltumseglern, die auf diese Art von Navigation voll verzichtet haben. Allerdings kostete das dadurch notwendige Beidrehen vor einem Landfall bis zur nächsten Schiffsortbestimmung eine Menge Zeit und oftmals Nerven.

Trotzdem rate ich dem Leser, sich noch kurz die Astronavigation mithilfe von Fixsternen »anzusehen«, denn – sie ist die einfachste. Beispielsweise ist es nicht notwendig, bestimmte Sterne zu kennen. Wenn ich »einfach« sage, meine ich allerdings nur die Arbeit mit den Tafeln. Das Messen der Sterne dagegen ist nicht einfach und lässt sich nur mit viel Übung erlernen. Hier gleich ein wichtiger Hinweis: Sterne können nur in sehr hohen Breiten, also bei großen Unterschieden zwischen Declination und Schiffsbreite, auch in der Nacht verwendet werden. Im Normalfall ist nämlich nachts die Kimm nicht sicher genug auszumachen. Wenn die Kimm aber durch den Mond hell erleuchtet ist, dann gilt das Gleiche, was schon beim Mond gesagt wurde. Die Gefahr, dass die Kimm vom Mond überstrahlt ist und diese deshalb gar nicht gesehen werden kann, ist so groß, dass dringend von einer nächtlichen Schiffsortbestimmung mithilfe von Gestirnsmessungen abzuraten ist – selbst im Notfall! Sterne können deshalb nur in der Dämmerung gemessen werden. Nebenbei – die Kenntnis der Sterne würde oft nicht viel helfen, da zum Identifizieren eines bestimmten Sternes ja meist ganze Sternbilder zur Orientierung notwendig sind. Man denke an unseren Nordstern, der sich – wie wir in der Schule gelernt haben – am leichtesten auffinden lässt, wenn die hintere Wagenseite des Großen Wagens fünfmal verlängert wird. Kann ich den Nordstern also nur mit dieser Orientierung finden, so muss ich in der Abenddämmerung so lange warten, bis der Große Wagen voll sichtbar ist. Dadurch ist bereits so viel Zeit verstrichen, dass bis dahin die Kimm wahrscheinlich schon verschwunden und nur noch zu erahnen ist.

Selbst wenn aber rechtzeitig der Stern identifiziert ist, ergibt sich eine weitere Schwierigkeit daraus, dass er ja nun im Fernglas des Sextanten ohne seine Nachbarsterne auftaucht und man deshalb nicht so sicher sein kann, auch den richtigen erwischt zu haben. All diese Schwierigkeiten vermeidet man mit der PUB.NO.249, Band 1: Selected Stars, die sich in hervorragender Weise als »Sternfinder« einsetzen lässt. Ähnlich wie bei der Vorausberechnung der Venus auf Seite 96 berechnen wir auf höchst einfache Art bestimmte Sterne voraus und suchen dann mit dem voreingestellten Winkel in der jeweiligen Richtung (Azimut) den Horizont ab, bis ein winziger Lichtfleck im

Sextanten zeigt, dass der betreffende Stern gefunden ist. Die Wahrscheinlichkeit, so einen falschen erwischt zu haben, ist in der Praxis außerordentlich gering. Spätestens stellt sich dies ohnehin beim Zeichnen der Standlinie heraus. Die Sicherheit vor solchen Überraschungen wird noch dadurch gesteigert, dass die »Selected Stars« im Allgemeinen ermöglichen, während einer Dämmerung bis zu sieben Sterne zu schießen, sodass »ein schwarzes Schaf« unter den Standlinien ganz klar auffallen würde. Die Berechnung einer Fixsternstandlinie nach PUB.NO.249 – Selected Stars – ist im Prinzip die gleiche wie die einer Sonnenstandlinie, jedoch viel einfacher. Ein Blick in die Seite für 40°N (Anlage 4) macht dies deutlich: Zunächst hat jeder Breitengrad – ob Nord oder Süd – seine eigene Seite. Der zweite Eingang ist dann lediglich noch der LHA, wobei der dritte Eingang »Declination« vollkommen fehlt. Bei einem LHA von 130° und einem gegissten Schiffsort von 40° N zeigt die Tafel auf einen Blick Hc und Azimut für sieben Sterne, also zum Beispiel für den Kochab 37°29' und ein Azimut von 020°. Eine Azimutregel am linken oberen oder unteren Rand wie bei den anderen Bänden der PUB.NO.249 fehlt. Das Azimut ist also fix und fertig in der Tafel und kann ohne weitere Umrechnung übernommen werden.

Eines ist noch unklar: Wenn der LHA für alle sieben Sterne gilt, welche Bildpunktlänge ist neben der Schiffslänge in ihm enthalten? Im N. J. (Anlage 5) fehlen die Bildpunktkoordinaten des Kochab. Auch die übrigen Sterne sind dort nicht verzeichnet. Das wäre auch gar nicht möglich, denn wenn die Bildpunkte aller Fixsterne im N. J. angegeben wären, hätte es einen unendlich großen Umfang.

Man hat sich hier mit einem kleinen Trick beholfen: Am Himmel wurde willkürlich ein Punkt bestimmt, der sozusagen stellvertretend für alle Fixsterne im N. J. als der sogenannte »Frühlingspunkt« (oder »Aries«) angegeben wird. Nachdem sich die Fixsterne in ihrer Stellung zueinander nicht ändern, können wir die Bildpunktkoordinaten für jeden Fixstern das ganze Jahr über berechnen, wenn nur bekannt ist, in welcher Entfernung zum Frühlingspunkt der betreffende Fixstern steht und welche Koordinaten der Bildpunkt des Frühlingspunktes hat. Diese Entfernung gibt der sogenannte Sternwinkel – im Jahrbuch mit »ß« bezeichnet – an, der dann benötigt wird, wenn eine Fixstern-Standlinie mithilfe des zweiten oder dritten Bandes der PUB.NO.249 – ähnlich wie wir es bisher mit Sonne, Mond und Planeten gemacht haben – berechnet wird.

Und jetzt kommt die großartige Vereinfachung in der PUB.NO.249, Vol. 1, Selected Stars:

Für alle ausgewählten Sterne muss nur noch der LHA zum Frühlingspunkt berechnet werden, weil der Sternwinkel im 1. Band der PUB.NO.249 bereits eingerechnet ist, sodass wir uns um ihn nicht mehr kümmern müssen. Ansonsten geschieht die Ermittlung des LHA nach altbekannter Regel:

> Schiffswestlänge wird von der Frühlingspunktlänge abgezogen.
> Schiffsostlänge wird zur Frühlingspunktlänge hinzugezählt.

Eine Declination wird beim Gebrauch der Selected Stars nicht benötigt.

Das eigentliche Problem beim Sternemessen mithilfe der PUB.NO.249 Selected Stars liegt darin, den richtigen Zeitpunkt für die Messung zu finden, also abends die wenigen Minuten, wo der Horizont noch und die Sterne schon zu sehen sind. Dieser Zeitpunkt liegt viel früher als man glaubt.

Wenn man nämlich mit dem voreingestellten Sextanten den Horizont nach einem bestimmten Stern absucht und dieser dann im Fernglas auftaucht, so kann man ihn meistens mit bloßem Auge noch gar nicht erkennen, selbst wenn man den Himmel genau an dieser Stelle absucht.
Leider ist es auch nicht so, dass man sagen kann, von X Uhr bis Y Uhr ist die Zeit günstig. In der Praxis handelt es sich meist nur um wenige Minuten, in denen die Sternmessungen absolviert sein müssen. Ganz anders also wie bei Planeten, die bei günstigen Bedingungen über einen sehr langen Zeitraum zur Navigation zur Verfügung stehen. So auch bei den Aufgaben von Seite 97, für die sich folgende Antworten ergeben haben müssen:

1)

1. Standlinie:	Grt: 79°25,5 Declination: 16°33' N LHA: 306° Rechenort: 40°N, 133°25,6' W Gb: –4'
2. Standlinie:	Grt: 100°54,7' Declination: 09°00' N LHA: 328° Rechenort: 40°N, 132°54,7' W
Position:	39°34'N/133°25' W

2)

1. Standlinie:	Grt: 28°44,2' – Declination: 04°51' N LHA: 330° Rechenort: 41°N, 58°44,2' W
2. Standlinie:	Grt: 48°13,8' – Declination: 11°12' N LHA: 350° Rechenort: 41°N, 58°13,8' W
Position:	40°39' N/58°55' W

Entfernung zum gegissten Schiffsort: ca. 47 Seemeilen

3)

1. Standlinie:	Grt: 123°11,2' – Declination: 17°43' N LHA: 304° Rechenort: 41°N, 179°11,2' W
2. Standlinie:	Grt: 192°53,4' W – Declination: 20°56' N LHA: 14° Rechenort: 41°N, 178°53,4' W
Position:	41°03' N/178°55' W

Mithilfe von Tafeln im N. J. sind Vorausberechnungen der Dämmerungszeiten zwar möglich, doch ich habe mit dieser Methode in der Praxis keine guten Erfahrungen gemacht. Habe ich mich nämlich bei der Vorausberechnung zunächst nur auf einen Stern konzentriert, um nach dessen Messung auch die anderen Selected Stars auf den Horizont zu setzen, ist es mehr als einmal passiert, dass gerade der vorausberechnete Stern erst dann im Sextanten sichtbar geworden ist, als der Horizont schon nicht mehr mit Sicherheit auszumachen war. Zu spät war es dann auch oft für alle anderen Sterne, sodass ich zwar beim Abendessen nichts mehr zu rechnen, aber auch keinen Standort hatte. Nachdem ich mich selbst als durchschnittlichen Navigator ohne Sehfehler einschätze, bin ich der Meinung, dass eine derartige Methode, die zu so viel Misserfolgen führt, nicht weiterempfohlen werden kann, denn die Gefahr ist zu groß, dass auch ein anderer durchschnittlicher Navigator damit nicht zu Rande kommt.

Nach diesen schlechten Erfahrungen beim Messen von Sternen habe ich die Taktik vollkommen geändert und ein System angewendet, das mich daraufhin jahrelang vor Fehlschlägen bewahrt hat: Es beruht auf der einfachen Erwägung, dass der LHA – auch der mit dem Frühlingspunkt – alle 4 Minuten um 1 Grad anwächst. Als Eingänge in die Selected Stars reichen ja die ganzgradige Schiffsbreite (Rechenortbreite) und der LHA mit dem Frühlingspunkt für sämtliche sieben Selected Stars. Mit dem Suchen der Sterne beginne ich zu einem Zeitpunkt, der mindestens 15 Minuten vor dem ungefähren Eintritt der Dämmerung liegt (deren Zeitpunkt ich in etwa vom Vorabend kenne). Für diesen Zeitpunkt berechne ich den LHA mit dem Frühlingspunkt und mache ihn durch Auf- oder Abrunden ganzgradig, damit er sich als Tafeleingang eignet. Um beispielsweise 18 h 21 m UT1 habe ich so einen LHA von 130° bei einer Rechenortbreite von 40° N. Wichtig bei diesem System ist lediglich, dass eine Hilfsperson am Kartentisch sitzt und den Mann oben am Sextanten mit den richtigen Suchwerten versorgt. Der Navigator hat dafür eine Liste vorbereitet, die in etwa so aussehen kann:

LHA: 130° 18 h 21 m UT1
131° 18 h 25 m UT1
132° 18 h 29 m UT1
133° 18 h 33 m UT1
usw.

Der Sinn dieser Liste leuchtet ein. Alle 4 Minuten wächst der LHA um 1 Grad an, sodass der Mann am Kartentisch mit einem Blick auf die Navigationsuhr um 18 h 25 m sein Lineal in den Selected Stars (Anlage 10) nur von 130° auf 131° herunterzuschieben braucht.

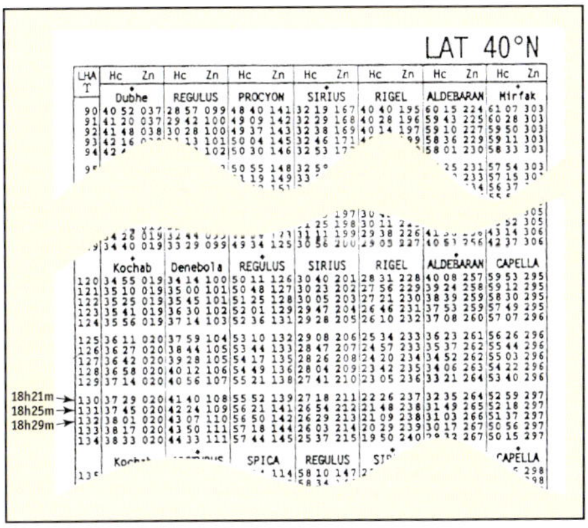
LAT 40°N

LHA ♈	Dubhe Hc	Zn	REGULUS Hc	Zn	PROCYON Hc	Zn	SIRIUS Hc	Zn	RIGEL Hc	Zn	ALDEBARAN Hc	Zn	Mirfak Hc	Zn
90	40 52	037	28 57	099	48 40	141	32 19	167	40 40	195	60 15	224	61 07	303
91	41 20	037	29 42	100	49 09	142	32 29	168	40 28	196	59 43	225	60 28	303
92	41 48	038	30 28	100	49 37	143	32 38	169	40 14	197	59 10	227	59 50	303
93	42 16	[illegible]	[illegible] 13	101	50 04	145	32 46	171	[illegible]	[illegible]	58 36	229	59 11	303
94	[illegible]	[illegible]	[illegible]	102	50 30	146	32 53	[illegible]	[illegible]	[illegible]	58 01	230	58 33	303

LHA ♈	Kochab Hc	Zn	Denebola Hc	Zn	REGULUS Hc	Zn	SIRIUS Hc	Zn	RIGEL Hc	Zn	ALDEBARAN Hc	Zn	CAPELLA Hc	Zn
120	34 55	019	34 14	100	50 11	126	30 40	201	28 31	228	40 08	257	59 53	295
121	35 10	019	35 00	101	50 48	127	30 23	202	27 56	229	39 24	258	59 12	295
122	35 25	019	35 45	101	51 25	128	30 05	203	27 21	230	38 39	259	58 30	295
123	35 41	019	36 30	102	52 01	129	29 47	204	26 46	231	37 53	259	57 49	295
124	35 56	019	37 14	103	52 36	131	29 28	205	26 10	232	37 08	260	57 07	296
125	36 11	020	37 59	104	53 10	132	29 08	206	25 34	233	36 23	261	56 26	296
126	36 27	020	38 44	105	53 44	133	28 47	207	24 57	233	35 37	262	55 44	296
127	36 42	020	39 28	105	54 17	135	28 26	208	24 20	234	34 52	262	55 03	296
128	36 58	020	40 12	106	54 49	136	28 04	209	23 42	235	34 06	263	54 22	296
129	37 14	020	40 56	107	55 21	138	27 41	210	23 05	236	33 21	264	53 40	296
18h21m → 130	37 29	020	41 40	108	55 52	139	27 18	211	22 26	237	32 35	264	52 59	297
18h25m → 131	37 45	020	42 24	109	56 21	141	26 54	212	21 48	238	31 49	265	52 18	297
18h29m → 132	38 01	020	43 07	110	56 50	142	26 29	213	21 09	238	31 03	266	51 37	297
133	38 17	020	43 50	111	57 18	144	26 03	214	20 29	239	30 17	267	50 56	297
134	38 33	020	44 33	111	57 44	145	25 37	215	19 50	240	[illegible]	267	50 15	297

Um 18 h 25 m UT1 wird der Navigator mit dem Sextanten von seinem Helfer zum Beispiel angewiesen: »56°21' – Azimut 141°.« Dass es sich hierbei um die Werte des Fixsterns Regulus handelt, braucht der Mann oben an Deck gar nicht zu wissen. Er wird seinen Sextanten auf 56°21' einstellen und in einer Richtung von 140° rechtweisend aufmerksam am Horizont entlangwandern. Findet er den Lichtfleck nicht, so probiert er weiter mit irgendeinem anderen Stern, wobei er von unten die Werte zugerufen bekommt.
Um 18 h 29 m UT1 wird am Kartentisch das Lineal wieder eine Zeile weitergeschoben auf »LHA = 132°«.

Auf diese Art und Weise ist die Gewähr am größten, dass der meist sehr kurze Augenblick für mögliche Sternmessungen nicht übersehen wird.

Ein Tipp aus der Praxis: Höher stehende Sterne sind eher auszumachen als niedrige Sterne. Jene, die im östlichen Quadranten ihr Azimut haben, sind eher auszumachen als Sterne im Westen.

Im Übrigen sollten wir uns klar darüber sein, dass die Selected Stars nicht die hellsten Sterne sind. Selten wird es uns gelingen, alle sieben Sterne zu messen – was durchaus wünschenswert wäre. Meistens werden Segel oder Aufbauten von vornherein den Blick in eine bestimmte Richtung verdecken. Bei guten Sichtverhältnissen sollte angestrebt werden, die Sterne zu messen, die in der PUB.NO.249 mit einer kleinen Marke versehen sind, also im obigen Beispiel Kochab, Regulus und Aldebaran. Deren Standlinien ergeben nämlich die besten Schnittpunkte.

Nachdem es in der – meist zu kurzen – Dämmerungszeit in erster Linie gilt, die Sterne zu finden, sollte man auf unnötige Rechnereien verzichten. Nicht notwendig ist deshalb, die Höhenwinkel, die uns der Mann am Kartentisch nach oben zuruft, noch mit der Gesamtbeschickung zu versehen. Es gilt hier das Gleiche wie auf Seite 96 bei der Vorausberechnung der Venus. Die Gb macht für Fixsterne (das ist die gleiche Gb-Tafel wie bei Planeten) nur wenige Minuten aus, sodass das Weglassen der Gb sicher nicht zum Übersehen eines Sternes führt.
Dagegen kann uns der Helfer durch Schätzungen »zwischen den Zeilen« unterstützen, also z. B. um 18 h 31 m UT1 für die Capella ein Hc von 51°16' ausrufen.
Die so gemessenen Fixsterne werden dann in folgenden Schritten zu Standlinien umgerechnet:

- Für den sekundengenauen Messzeitpunkt wird der Greenwichwinkel des Frühlingspunktes ausgerechnet. (Richtige Spalte im N. J. benutzen!)
- Mit dem gegissten Schiffsort wird der LHA berechnet, der in gleicher Weise wie bei der Sonne durch die Wahl des nächstliegenden Rechenortes ganzgradig gemacht wird (Seite 53). Aus der Tafel Selected Stars werden Hc und das Azimut herausgelesen.
- Durch Vergleich mit dem berichtigten Sextantwinkel (nach Anbringung der Gb, die bei Fixsternen und Planeten immer minus ist) wird der Unterschied festgestellt, um den vom Rechenort aus die Standlinie senkrecht auf dem Azimut näher zum Stern hin oder vom Stern weg errichtet wird.

Nehmen wir an: Auf einem gegissten Schiffsort von 39°31' N und 16°59' W hat der Navigator am 12.4.2000 auf die vorher beschriebene Art Capella gefunden. Um 19 h 45 m 59 s UT1 wird dieser Fixstern sodann mit 59°33' gemessen.

1. Berechnung der Bildpunktlänge Aries (Frühlingspunkt):

Grt Aries	126°16,8'
Zuwachs	11°31,6'
	137°48,4'
Rechenortlänge	– 16°48,4'
LHA	121°00,0'

Tafeleingänge: LHA »121°« 40° N
Tafelausgang Capella:

Hc	59°12'		59°33'	Azimut 295°
	–59°30'	Gb –	3'	
	18'		59°30'	

Unterschied zwischen gemessener und berechneter Höhe = 18 sm »hin«.

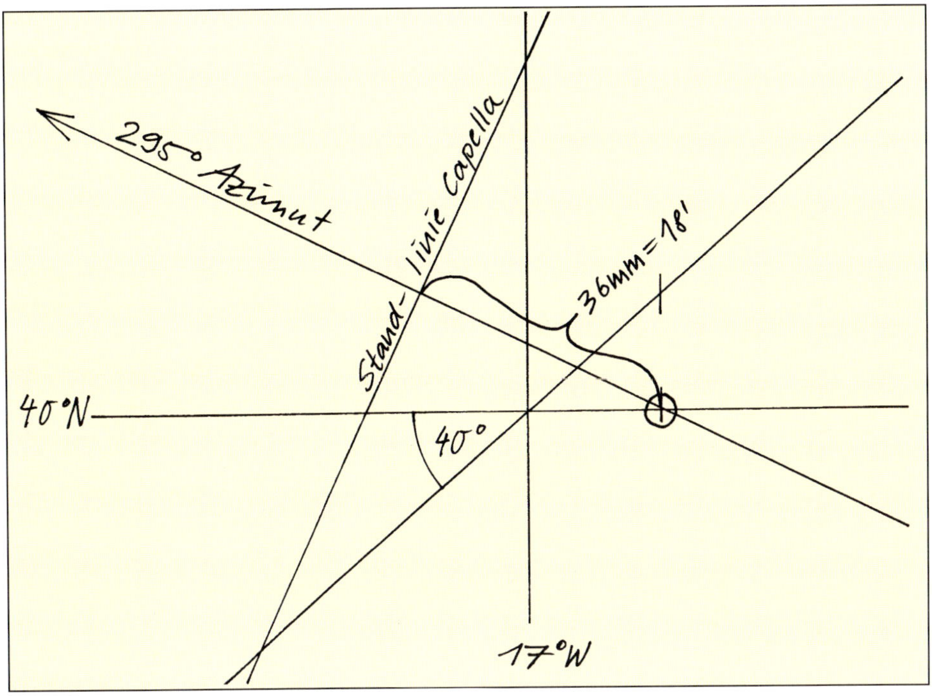

Achtung: Bevor nun eine Fixsternstandlinie gezeichnet wird, muss noch eine Kleinigkeit beachtet werden: Band 2 und 3 der PUB.NO.249, aus denen Anlagen 1 und 2 stammen und mit denen wir Sonne-, Mond- und Planetenstandlinien berechnet haben, sind immerwährend. Auch in zwanzig Jahren können sie noch benutzt werden. Anders ist das bei dem Band 1, den Selected Stars. Die Fixsterne, für die ja im Band 1 Hc und das Azimut speziell berechnet sind, ändern nämlich ein ganz klein wenig ihre Position zueinander und damit auch zum Frühlingspunkt. Der LHA im Band 1 ist aber jeweils nur für den Frühlingspunkt angegeben. Zwar geht diese Positionsveränderung der Fixsterne so langsam vor sich, dass der 1. Band der PUB.NO.249 nicht schon nach einem Jahr überholt ist. Ohne Berücksichtigung dieser Veränderung kann genau genommen der 1. Band der PUB.NO.249 aber nur für das Jahr benutzt werden, für das er berechnet ist. Anlage 4 stammt aus der Ausgabe »Epoch 2000«. Nur 2000 könnte obige Standlinie also unverändert gezeichnet werden. Trotzdem ist die Tafel »Epoch 2000« immerhin bis 2004 benutzbar; wenn entsprechend der Tafel 5 aus der PUB.NO.249 Band 1 (nicht zu verwechseln mit der Tafel 5 zur Verbesserung der Declinationsminuten) der Rechenort oder eben die fertige Standlinie (was auf dasselbe hinausläuft) um die dort angegebenen Werte (Anlage 3) versegelt wird. Da die Übungsbeispiele allesamt im Jahre 2000 spielen, wir uns in der Epoche 2000 befinden, muss im Jahre 2000 ausnahmsweise (!) keine Verbesserung vorgenommen werden. Dies gilt aber schon nicht mehr im Jahre 2001. Dann muss (!) mit der Tafel 5 eine Zusatzverbesserung bei Benutzung der »Selected Stars« durchgeführt werden. Der Gebrauch dieser Tafel 5 ist höchst einfach: Angenommen, die vorangegangene Capella-Standlinie hätte nicht im Jahre 2000, sondern im Jahre 2004 »stattgefunden«, dann hätten wir im Jahre 2004 bei den Tafeleingängen von 40°N und einem LHA von 120° eine Verbesserung von drei Seemeilen in einer rechtweisenden Richtung von 100°. Es müsste also die Standlinie um eine Seemeile in einer Richtung von 100° versegelt werden.

Die Verschiebung, und damit die Verbesserung der Capella-Standlinie im Jahre 2004 sähe dann so aus:

Stehen mehr als zwei Standlinien zur Verfügung, so entsteht ein mehr oder weniger großes Drei- oder Vieleck. Je kleiner dieses Vieleck, umso zuverlässiger ist der Schiffsort. Man sei hier nicht päpstlicher als der Papst und versuche etwa, aus dem Dreieck noch den eigentlichen Schiffsort herauszukonstruieren. Es reicht aus, wenn wir mit dem Bleistift die Mitte abschätzen und den Schiffsort dort markieren.

Wenn sich der Schiffsort nur aus Fixsternstandlinien zusammensetzt, brauchen wir

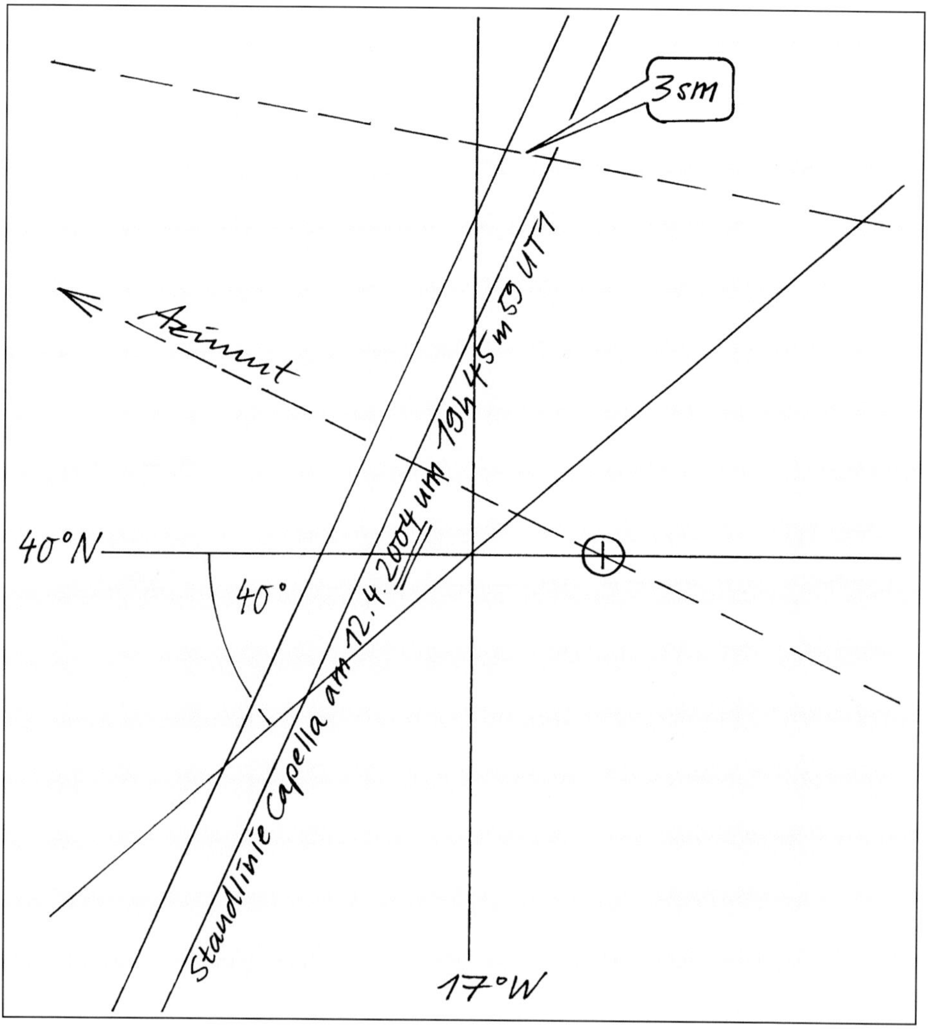

obige Verbesserung – Tafel 5 – nicht bei jeder Standlinie anzubringen und diese zu versegeln. Es genügt, wenn der Schiffsort selbst alleine versegelt wird, da ja für alle diese Standlinien die gleichen Voraussetzungen für die Verbesserungen nach Tafel 5 vorliegen, nämlich Schiffsbreite, Jahr und LHA. Aber Vorsicht: Nicht, dass hier auch mal zum Beispiel eine Planetenstandlinie fälschlicherweise mit verschoben wird.

Bevor wir endgültig in See stechen, noch ein paar Beispiele:

1. Am 22.8.2000 segelt TRILOGY auf ungefähr 39°44' N und 62°33' W. In der Morgendämmerung gelingt es dem Skipper, folgende Sterne zu schießen:
   um 9 h 14 m 34 s UT1: Dubhe mit 23°30'
   um 9 h 15 m 01 s UT1: Rigel mit 33°35'
   um 9 h 16 m 09 s UT1: Pollux mit 33°21'
   Wo ist TRILOGY?

2. Gegisster Schiffsort von MAHALO am 13.4.2000 ist 39°43' N und 59°49' W. Um 21 h 42 m 19 s UT1 wird bei Flaute der Jupiter mit 25°41' gemessen. Anschließend gelingt es noch, Kochab um 22 h 15 m 24 s UT1 mit 34°08' und Rigel um 22 h 16 m 36 s UT1 mit 30°12' zu messen. Wo ist MAHALO?

3. Am 12.4.2000 schätzt Richard von MOON DANCER seinen Schiffsort mit 40°21' N und 175°20' E. In der Abenddämmerung gelingen ihm bei ungünstigen Sichtverhältnissen folgende Sternhöhen:
   um 8 h 42 m 14 s Arcturus mit 29°48'
   um 8 h 42 m 57 s Sirius mit 21°10'
   um 8 h 43 m 44 s Capella mit 41°29'
   um 8 h 44 m 16 s Regulus mit 61°23'
   Schiffsort?

XXIV. Unterschiede gegenüber Sonnenstandlinien mit PUB.NO.249

Planeten

a) Gb – immer negativ
b) Bildpunktlänge:
   Neben »Zuwachs« ist auch die »Verbesserung« (Vb) für den »Unterschied« (Unt) hinzuzuzählen (bei der Venus in seltenen Fällen auch abzuziehen).
   Sonst keine Unterschiede gegenüber der Sonne.

Fixsterne mit Band 1: Selected Stars

a) Gb ist immer negativ
b) Declination interessiert nicht
c) Bildpunktlänge des Frühlingspunktes:
   Wie bei Sonne, aber richtige Spalte in der Schalttafel benutzen!
d) LHA ähnlich wie bei Sonne
e) Tafelausgänge: Hc und Azimut sind bereits fertig.
f) Zeichnen der Standlinie wie bei Sonne, aber Berichtigung für das Jahr mit Tafel 5 notwendig.

Mond

a) Gb
   Hier müssen berücksichtigt werden: Oberrand, Unterrand (wie bei Sonne), Augeshöhe (wie bei Sonne), HP.

b) Declination
   Sie muss mithilfe von »Unt« auf der entsprechenden Minutenseite der Schalttafel verbessert werden. Die Verbesserung muss hinzugezählt oder abgezogen werden.

c) Bildpunktlänge
   Wie bei »Planeten« muss neben dem »Zuwachs« auch die »Verbesserung« für den »Unterschied« immer hinzugezählt werden (richtige Spalte in der Schalttafel wählen!). Sonst keine Unterschiede gegenüber der Sonne.

Antworten zu Seite 105:

1. Dubhe-Standlinie:
   Grt: 109°37,6' (Aries)
   LHA: 47° (zum Aries)
   Rechenort: 40° N, 62°37,6' W

   Rigel-Standlinie:
   Grt: 109°44,4' (Aries)
   LHA: 47° (zum Aries)
   Rechenort: 40° N, 62°44,4' W

   Pollux-Standlinie:
   Grt: 110°01,4' (Aries)
   LHA: 47° (zum Aries)
   Rechenort: 40° N, 63°01,4' W

   Position: 40°22'N/62°23' W

2. Jupiter-Standlinie:
   Grt: 127°57,3'
   Declination: 14°37'
   LHA: 68°
   Rechenort: 40° N, 59°57,3' W

   Kochab-Standlinie:
   Grt: 176°14,9' (Aries)
   LHA: 116° (zum Aries)
   Rechenort: 40° N, 60°14,9' W

   Rigel-Standlinie:
   Grt: 176°33,0' (Aries)
   LHA: 117° (zum Aries)
   Rechenort: 40° N, 59°33,0' W

   Position: 39°54' N/59°20' W

3. Arcturus-Standlinie:
   Grt: 331°24,9'
   LHA: 147°
   Rechenort: 40° N, 175°35,1' E

   Sirius-Standlinie:
   Grt:331°35,7' (Aries)
   LHA: 147° (zum Aries)
   Rechenort: 40° N, 175°24,3' E
   Offensichtlich falschen Stern »erwischt«

   Capella-Standlinie:
   Grt: 331°47,5' (Aries)
   LHA: 147° (zum Aries)
   Rechenort: 40° N, 175°12,5' E

   Regulus-Standlinie:
   Grt: 331°55,5' (Aries)
   LHA: 147° (zum Aries)
   Rechenort: 40° N, 175°04,5' E

   Position: 40°21' N/175°40' E

XXV. Nachwort

Der Leser, der sich bis hierher durchgeackert und durchgerungen hat, besitzt nun das nötige geistige Rüstzeug, um astronomisch navigieren zu können. Er möge sich aber seiner Fähigkeiten nicht allzu sicher sein. Seekrankheit, raue See und nicht zuletzt Leichtsinnsfehler vermögen eine allzu große Selbstsicherheit schnell zu zerstören.

Die Genauigkeit beim Messen lässt sich nur durch Üben steigern. Ruhig nehme man den Sextanten auch bei gutem Wetter zur Hand und schieße des öfteren ein paar Sonnenhöhen, um die Zuverlässigkeit seiner Messungen zu überprüfen (Seite 82). Bei unsicheren Sichtverhältnissen stehe man seinen Messungen äußerst skeptisch gegenüber. Es gibt eine Reihe von Navigatoren, die der Meinung sind, man könne auch nachts den Horizont so gut ausmachen, dass Sternmessungen möglich sind. Sie raten hierzu, den Sextanten ohne Fernrohr zu benutzen (»beide Augen offen!«). Bernard Moitessier schwörte zum Beispiel auf diese Methode. Ich habe des Öfteren versucht, Sterne in der Nacht zu messen. Die Kimm konnte ich dabei jeweils nur so undeutlich erahnen, dass mir eine Standlinie aus einer solchen Messung zu gefährlich schien. Möglicherweise hatte Bernard wesentlich bessere Augen als ich. Ich möchte deshalb keineswegs behaupten, dass es sich hier um eine unbrauchbare Methode handelt. Ich muss nur zu dem Schluss kommen, dass sie sich für mich persönlich nicht eignet. Nachdem es sicher eine Reihe von Seglern gibt, die auch keine besseren Augen als ich besitzen, dürfte diese Methode für jene ebenfalls ungeeignet sein. Gleichgültig, wie hoch man seine Fähigkeiten einschätzt, in jedem Fall müssen solche Messungen in der Praxis vielfach erprobt werden, bevor man sie im Ernstfall anwendet.

Und das ist überhaupt ein Rat, den ich jedem – ob Anfänger oder »Könner« – geben kann: Niemals darf man sich bei seiner Navigation vollkommen sicher sein. Wenn Zweifel schweigen, gibt es keine Chance mehr, einen immer möglichen Fehler zu entdecken.

Die 10 »beliebtesten« Fehlerquellen:

1. An erster Stelle: Kopfrechnen.

2. Unsaubere Schreibweise. Man gewöhne sich beispielsweise an, statt »7« (Verwechslung mit »1«) »7« zu schreiben.

3. Winkelminuten werden falsch aus den Tafeln entnommen. Zum Beispiel wird statt »0,4'« »04'« geschrieben.

4. Im N. J. werden falsche Spalten benutzt: statt »Mond« die Spalte für »Sonne«, »Fixstern« o. Ä. Dies passiert sowohl vorne im N. J. als auch in der Schalttafel.

5. In der PUB.NO.249 wird die Seite »CONTRARY NAME« statt »SAME NAME« benutzt – oder umgekehrt.

6. Der ganzgradige LHA wird im Kopf ausgerechnet und beim Zeichnen dann der gegisste Schiffsort statt dem Rechenort benutzt.

7. Die Gb wird vergessen.

8. Ein Rechenort wird für mehrere Standlinien benutzt; zu jeder Standlinie gehört immer ein eigener Rechenort.

9. Bei mehreren Sternstandlinien ändert sich der LHA unmerklich. Auf richtige Zeile in den SELECTED STARS achten!

10. Unsauberes Zeichnen – immer mit Bleistift (Nr. 2) und Spitzer arbeiten. Je größer der Unterschied zwischen Hc und berichtigtem Sextantwinkel, desto wichtiger ist die Genauigkeit.

XXVI. Schema Sonnenstandlinie mit PUB.NO.249 oder Mittagsbreite (Nordhälfte)

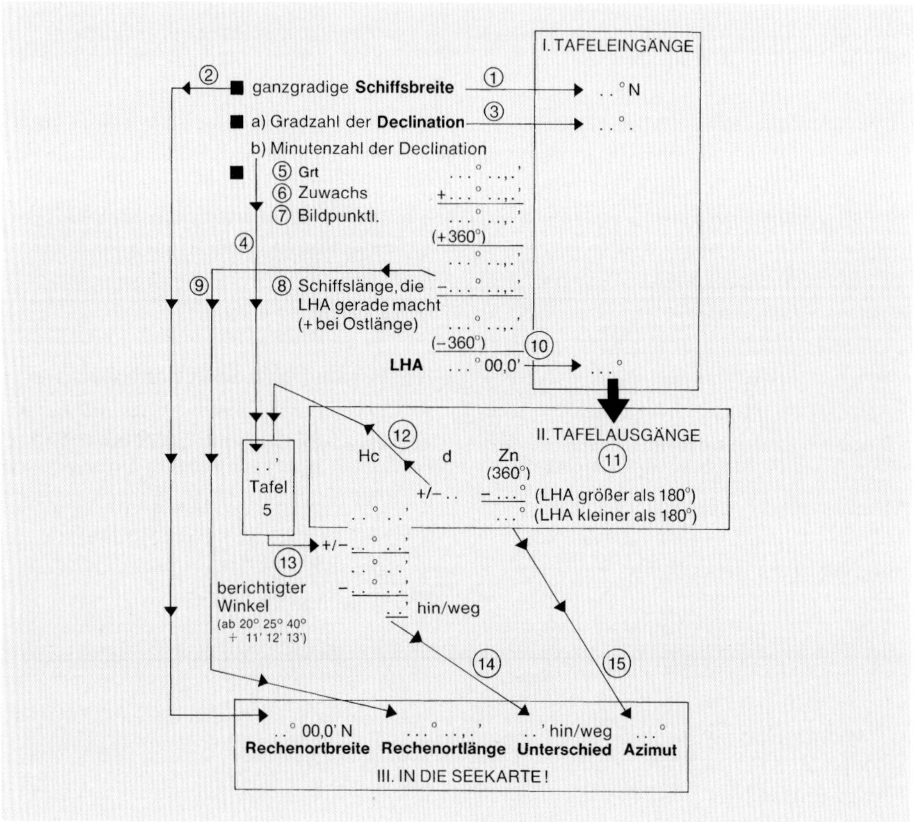

Schema für Mittagsbreite in unseren Gewässern (Ost-, Nordsee und Mittelmeer) während der Segelsaison (21. März bis 22. September):

				89°60'
Declination				+..°..' N
berichtigter Winkel:				
ab 20°	25°	40°		
+ 11'	+ 12'	+ 13'		−..°..'
				..°.. ' N
				= Schiffsbreite

XXVII. Übungen

1. Die Yacht Aeolus befindet sich am 13.4.2000 auf ungefähr 37°44' N, 11°10' E. Bei leichten Winden läuft sie rechtweisend 260° mit 1 kn.
a) Wann ist Zeit für die Mittagshöhe?
Um 10 h 15 m 22 s UT1 wird der Sonnenunterrand mit 57°52' gemessen. Die Mittagshöhe zeigt später am Sextanten 60°58'. Anschließend wird die Sonne um 12 h 17 m 44 s UT1 nochmals mit 57°52' gemessen.
b) Mittagsbreite?
c) Mittagslänge?

2. Die Blue Horizon befindet sich am 12.4.2000 auf ungefähr 39°33' N und 8°13' E. Um 14 h 15 m 43 s UT1 wird der Mondunterrand mit 29°21' gemessen. Um 14 h 16 m 12 s UT1 ergibt eine Messung des Sonnenunterrandes 41°22'.
Schiffsort?

3. Dream Maker segelt am 12.4.2000 auf ca. 39°44' N und 6°57' E. Als Skipper Roger die Venus mit 24°51' misst, ruft er Mary zu: »Stopp!« Sie setzt daraufhin die Stoppuhr am Navigationstisch in Gang. Nachdem Roger den Sextanten weggepackt hat, drückt er auf die Stoppuhr, als die Navigationsuhr, die täglich mit Radiozeichen überprüft wird, gerade 6 h 48 m 00 s UT1 zeigt. Auf der Stoppuhr liest Roger dann 02 m 44 s ab. Dream Maker segelt rechtweisend auf 280° und mit 4 kn weiter. Gegen Viertel nach zehn Uhr soll die Sonne gemessen werden.
a) Gegisster Schiffsort um Viertel nach zehn Uhr?
Um 10 h 15 m 27 s wird der Sonnenunterrand mit 53°45' gemessen.
b) Schiffsort?

4. Am 22.8.2000 steht Mirage auf ungefähr 40°22' N und 7°19' E. Folgende drei Fixsterne können geschossen werden:
um 18 h 44 m 22 s UT1: Kochab 52°00'
um 18 h 45 m 19 s UT1: Deneb 53°15'
um 18 h 45 m 58 s UT1: Antares 22°24'.
Wo ist Mirage genau?

5. Am 22.8.2000 segelt Seewind auf einem rechtweisenden Kurs von 215° mit 6,5 kn. Gegisster Schiffsort ist 41°28' N und 10°20' W. Die Sonne wird an ihrem höchsten Punkt mit 60°10' gemessen. Nachmittags um 15 h 44 m 22 s wird die Sonne nochmals mit 40°40' gemessen.
Wo steht Seewind jetzt?

Antworten:

1.
a) 11 h 16 m
b) 38°04' N

c) Grt für 11 UT1:	344°53,2'
Zuwachs für 16m33s:	4°08,3'
	349°01,5'
	359°60'
	–349°01,5'
	10°58,5' E

Eine Verbesserung für die geringe Fahrt ist nicht notwendig, weil sich die Yacht im Wesentlichen nach Westen bewegt!

2.

1. Standlinie: Grt: 286°05,3'
Declination: 19°13' N
LHA: 294°
Rechenort: 40° N, 7°54,7' E
Gb: 63'

2. Standlinie: Grt: 33°52,9'
Declination: 8°56' N
LHA: 42°
Rechenort: 40° N, 8°07,1' E

Position: 40°01' N/ 7°56' E

3.

a) 39°46' N/6°39' E

b)

1. Standlinie: Grt: 295°16,0'
Declination: 1°19' N
LHA: 302°
Rechenort: 40° N, 6°44,0' E

2. Standlinie: Grt: 333°41,1'
Declination: 8°52' N
LHA: 340°
Rechenort: 40° N, 6°18,9' E

Position: 40°15' N/6°23' E

4.

Kochab-Standlinie:
Grt: 252°28,0' (Aries)
LHA: 260° (zum Aries)
Rechenort: 40° N, 7°42,0' E

Deneb-Standlinie:
Grt: 252°42,3' (Aries)
LHA: 260° (zum Aries)
Rechenort: 40° N, 7°17,7' E

Antares-Standlinie:
Grt: 252°52,1' (Aries)
LHA: 260° (zum Aries)
Rechenort: 40° N, 7°07,9' E

Position: 40°11' N/7°13' E

5. Mittagszeitpunkt:

T(ransitus) = 12h 03m
41m
12h 44m

Declination: 11°35' N

	90°00'
+	11°35'
	101°35'
–	60°23'
	41°12' N = Mittagsbreite

2. Standlinie: Grt: 55°24,6'
Declination: 11°32' N
LHA: 45°
Rechenort: 41° N, 10°24,6' W

Position: 40°56' N/10°25' W

Computerprogramm Bobby Schenk's ASTRO CLASSIC*

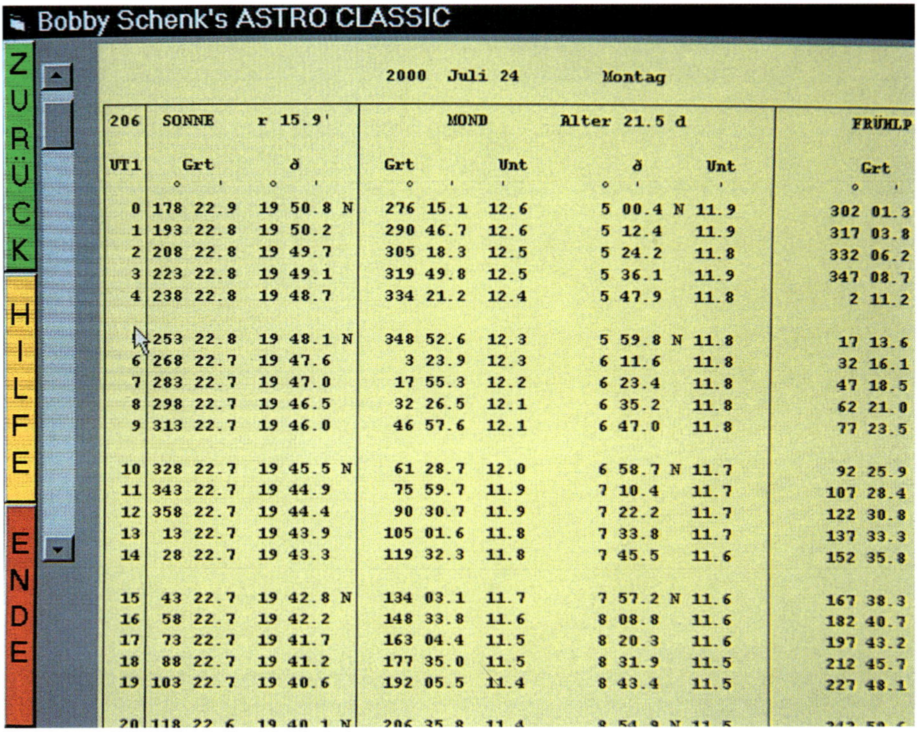

2000 Juli 24 Montag

206	SONNE r 15.9'		MOND	Alter 21.5 d			FRÜHLP
UT1	Grt	δ	Grt	Unt	δ	Unt	Grt
	° '	° '	° '	'	° '	'	° '
0	178 22.9	19 50.8 N	276 15.1	12.6	5 00.4 N	11.9	302 01.3
1	193 22.8	19 50.2	290 46.7	12.6	5 12.4	11.9	317 03.8
2	208 22.8	19 49.7	305 18.3	12.5	5 24.2	11.8	332 06.2
3	223 22.8	19 49.1	319 49.8	12.5	5 36.1	11.9	347 08.7
4	238 22.8	19 48.7	334 21.2	12.4	5 47.9	11.8	2 11.2
[illegible]	253 22.8	19 48.1 N	348 52.6	12.3	5 59.8 N	11.8	17 13.6
6	268 22.7	19 47.6	3 23.9	12.3	6 11.6	11.8	32 16.1
7	283 22.7	19 47.0	17 55.3	12.2	6 23.4	11.8	47 18.5
8	298 22.7	19 46.5	32 26.5	12.1	6 35.2	11.8	62 21.0
9	313 22.7	19 46.0	46 57.6	12.1	6 47.0	11.8	77 23.5
10	328 22.7	19 45.5 N	61 28.7	12.0	6 58.7 N	11.7	92 25.9
11	343 22.7	19 44.9	75 59.7	11.9	7 10.4	11.7	107 28.4
12	358 22.7	19 44.4	90 30.7	11.9	7 22.2	11.7	122 30.8
13	13 22.7	19 43.9	105 01.6	11.8	7 33.8	11.7	137 33.3
14	28 22.7	19 43.3	119 32.3	11.8	7 45.5	11.6	152 35.8
15	43 22.7	19 42.8 N	134 03.1	11.7	7 57.2 N	11.6	167 38.3
16	58 22.7	19 42.2	148 33.8	11.6	8 08.8	11.6	182 40.7
17	73 22.7	19 41.7	163 04.4	11.5	8 20.3	11.6	197 43.2
18	88 22.7	19 41.2	177 35.0	11.5	8 31.9	11.5	212 45.7
19	103 22.7	19 40.6	192 05.5	11.4	8 43.4	11.5	227 48.1
20	118 22.6	19 40.1 N	206 35.8	11.4	8 54.9 N	11.5	[illegible]

Mit ASTRO CLASSIC lassen sich für jeden Tag dieses Jahrhunderts »Jahrbuchseiten« schaffen und ausdrucken.

Man kann es drehen wie man will, Computer, handliche Notebooks oder Laptops werden bald auch an Bord von Yachten nicht mehr wegzudenken sein. Das alte Argument »Elektronik kann versagen« ist nicht mehr so schlagkräftig. Denn auf modernen Yachten wimmelt es inzwischen nur so von Mikroprozessoren und damit von Computern. Wichtig ist nur, dass man der mehr oder weniger störanfälligen Elektronik und der dazugehörigen Stromversorgung nicht ausgeliefert ist, dass es also im Störfall nicht zu einer Beeinträchtigung der Schiffssicherheit kommt.

* Bobby Schenk's ASTRO CLASSIC, zu beziehen vom Delius Klasing Verlag, läuft auf jedem Computer mit Farb-Grafikkarte ab Windows 95, 98 aufwärts.

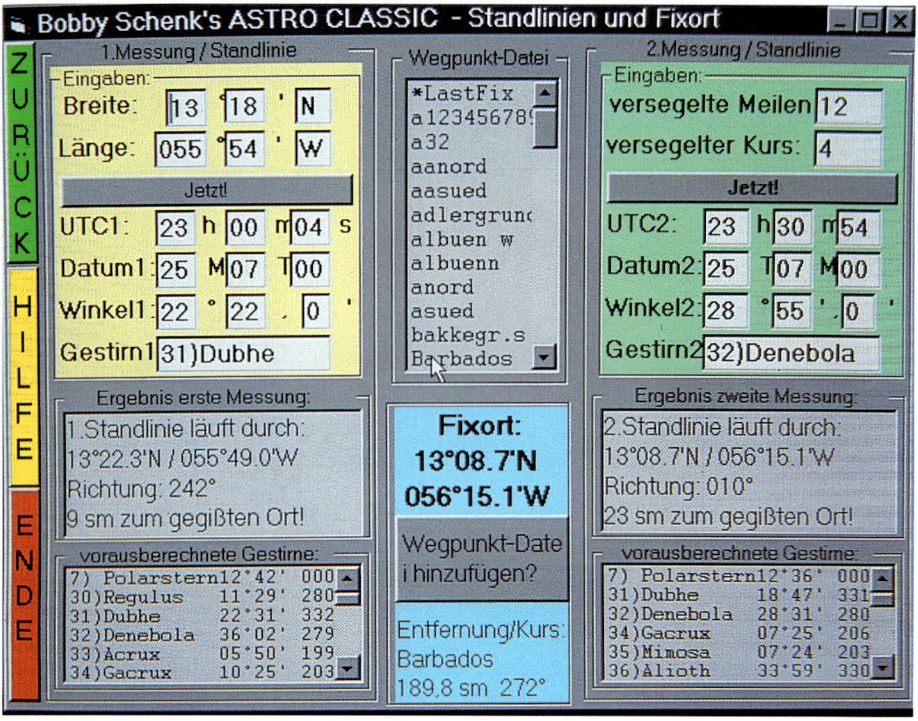

Das Programm ASTRO CLASSIC errechnet bis zum Ende des Jahrhunderts den fertigen Schiffsort auf Mausklick.

Unter dieser Prämisse ist nichts dagegen einzuwenden, wenn man auch ein Notebook oder Laptop für sich arbeiten lässt, zumal die Entwicklung in der Navigation darauf hinausläuft, dass ein handelsüblicher Computer immer mehr Arbeiten an Bord übernimmt, angefangen von der Kommunikation mit der Außenwelt (Internet, E-Mails, Wetterkarten) bis hin zu Seekarten auf der handlichen CD als Ergänzung zur Papierseekarte an Bord.

Von großem Vorteil, und befriedigend, ist der Einsatz eines Computers mit einem Astronavigationsprogramm allerdings erst dann, wenn der Skipper die Astro auch »zu Fuß« beherrscht – wie in diesem Buch gezeigt.

Das spezielle Astronavigationsprogramm ASTRO CLASSIC ist nach der in diesem Buch vermittelten Methodik erstellt worden. Aber da der Computer millionenfach schneller denkt als der Mensch, kann er auch Aufgaben übernehmen, mit denen ein Mensch einfach überfordert wäre. Auf einfachen Tastendruck errechnet das Programm nicht nur ein einziges Gestirn für einen bestimmten Zeitpunkt voraus, sondern stellt gleich alle Navigationsgestirne mit Namen, vorausberechnetem Winkel und Richtung zum Gestirn (Azimut) zur Verfügung und zwar gleich für beide Dämmerungszeiten, Messzeiten, Schiffsmittag und fortlaufend (!) für den jetzigen Zeitpunkt. So wird es kinderleicht, in den Dämmerungszeiten Sterne einwandfrei zu identifizieren. Ein Blick auf den Bildschirm zeigt dem Skipper alle Sterne, informiert, dass

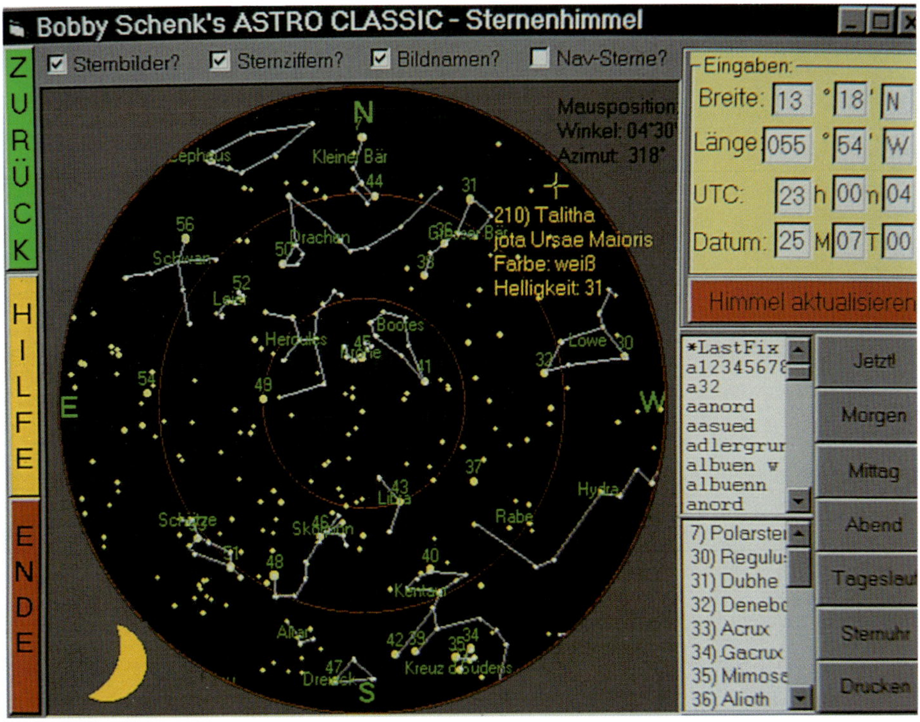

Für jeden Punkt der Erde und für jeden Zeitpunkt wird der aktuelle Sternenhimmel mit seinen Planeten und der Mondphase berechnet. Alle Sterne können nach ihrem Namen »abgefragt« werden. Ein idealer Sternfinder.

jetzt die Denebola in einem Winkel von 32 Grad 14 Minuten in einer Richtung von 92 Grad stehen müsste. Stellt der Skipper dann 32 Grad und 14 Minuten auf der Sextanttrommel ein und streicht dann den östlichen Horizont ab, so weiß er, dass der kleine Lichtpunkt im Fernrohr mit höchster Wahrscheinlichkeit auch die Denebola ist.

Dann folgt die Messung. Die Verarbeitung von Gestirnsmessungen mit ASTRO CLASSIC ist nur mehr Sache von ein paar Mausklicks oder Tastendrücken. Zwei Messungen werden eingetippt und sofort gibt der Computer den Schiffsort und den Kurs zum Ziel an, bei einer Messung, Naturgesetz, nur eine Standlinie. Wenn der Skipper fit für die PUB.NO.249 bleiben möchte, kann er sich vom Computer auch Zwischenergebnisse wie GRT, LHA, Gesamtbeschickung (Gb), Declination und so weiter geben lassen.

Ja, das Programm erstellt auch für jeden beliebigen Zeitpunkt dieses Jahrhunderts Jahrbuchseiten, die auch vorm Törn schon zu Hause ausgedruckt werden können. Der Skipper spart sich so die Anschaffung eines Jahrbuchs.

Seine ganze Leistungsfähigkeit aber demonstriert das Programm in der genauen (!) Berechnung des Sternenhimmels. Dies ist nicht nur eine große Hilfe bei der Planung, mit welchen Sternen in der Dämmerung gearbeitet werden kann, sondern hilft eindrucksvoll jenen Romantikern, die sich für Gestirne am Firmament interessieren, immerhin fast 600 Sterne und Planeten sowie Sternbilder zu identifizieren. Im Gegensatz zu Sternfindern (Starfinder) oder Sterntafeln wird der gesamte Sternenhimmel für jeden Ort und jeden Zeitpunkt exakt berechnet, also auch Planeten, Sonne und Mond, was die üblichen Starfinder und Sterntafeln nicht können. Jeder Stern kann mit der Maus nach Namen, Azimut und Winkel überm Horizont präzise bestimmt werden. Will man keinen Computer an Bord, so kann man sich also zu Hause schon den jeweiligen Sternenhimmel für jede Nacht der Atlantiküberquerung ausdrucken lassen.

Das Programm kann noch mehr: In kurzen Filmen (auf der CD enthalten) wird die Technik der Sextantmessung und die Beseitigung von Sextantfehlern erklärt.

Anlagenübersicht

Folgende Anlagen finden Sie eingelegt in der hinteren Buchdeckel-Tasche:

1. PUB.NO.249, Vol. 3:
   Dec. 0°–29°, LAT 40°

2: PUB.NO.249, Vol. 3:
   Dec. 0°–29°, LAT 41°

3: PUB.NO.249, Table 5 – Correction to Tabulated Altitude for Minutes of Declination

   PUB.NO.249, Vol. 1, Selected Stars, Epoch 2000.0: Table 5 – Correction for Precession and Nutation

4. PUB.NO.249, Vol. 1, Selected Stars, Epoch 2000,0: LAT 40° N

5: Nautisches Jahrbuch 2000:
   12. und 13. April

6: Nautisches Jahrbuch 2000:
   22. und 23. August

7: Nautisches Jahrbuch 2000:
   Schalttafel 14 min / 15 min, 16 min / 17 min

8: Nautisches Jahrbuch 2000:
   Schalttafel 42 min / 43 min, 44 min / 45 min

9: Nautisches Jahrbuch 2000:
   Gb für den Kimmabstand des Sonnenunterrandes und eines Fixsterns oder Planeten

10: Nautisches Jahrbuch 2000:
   Gb für den Kimmabstand des Mondunterrandes 3°–43° und 43°–90°

Wo steht was?